SOCIAL ENTERPRISE

社会化企业

社会化媒体企业级应用路线图

李志军 冯宗智 高翔 著

机械工业出版社
China Machine Press

社会化媒体的企业级应用刚刚起步，一方面还存在着诸多问题，另一方面也迎来了全新的发展机遇。毫无疑问，研究社会化媒体能够让企业从关注"术"向关注"道"转变，这也是把握社会化媒体未来的关键。但在社会化媒体的应用上，大多数企业出现了仍然在用既往的思维、原来的组织架构，甚至是不变的企业文化给予应对等诸多问题，并为此造成了不良后果。本书从变革、创新、营销、风险控制、组织架构、客户关系、沟通方式、企业文化八个方面对此给予了系统梳理和认真思考，试图为已从事及意欲进行社会化媒体企业级应用的企业提供一些帮助。

图书在版编目（CIP）数据

社会化企业：社会化媒体企业级应用路线图/李志军，冯宗智，高翔著.—北京：机械工业出版社，2012.10
（新经济必读丛书）

ISBN 978-7-111-40055-4

Ⅰ. 社…　Ⅱ. ①李…　②冯…　③高…　Ⅲ. 企业管理－网络营销　Ⅳ. F724

中国版本图书馆 CIP 数据核字（2012）第 244478 号

机械工业出版社（北京市西城区百万庄大街 22 号　邮政编码　100037）
责任编辑：岳小月　　　　版式设计：刘永青
北京诚信伟业印刷有限公司印刷
2013年 1月第 1 版第 1 次印刷
170mm×242mm · 13.5 印张
标准书号：ISBN 978-7-111-40055-4
定价：39.00 元

凡购本书，如有缺页、倒页、脱页，由本社发行部调换
客服热线：（010）68995261；88361066
购书热线：（010）68326294；88379649；68995259
投稿热线：（010）88379007
读者信箱：hzjg@hzbook.com

社会化媒体需要"企业级应用"

近几年，随着网络的普及，社会化媒体的发展速度十分迅猛。应该说社会化媒体的出现，给整个企业级应用带来的不只是一场技术性的革命，可能在认知、方法上，甚至在管理体系等各方面都产生了一系列影响。但企业在面对这一新生事物时，总是显得盲从或不知所措。换句话说，企业在如何应用社会化媒体方面，表现得不尽如人意。从整个行业发展来看，社会化媒体带来的不仅仅是技术的革命，更多的是为整个社会发展带来了根本性的变革。

社会化媒体更多的是"道"和"术"的问题。过去可能比较多地把网络媒体乃至后来的 Web 2.0 作为一种"术"，"术"就是操作层面和策略层面的事情，但是今天我们探讨的是"道"的层面。社会化媒体在企业中发挥的作用，实际上是帮助企业去完善和改善企业生存和发展的"生态"。与此同时，社会化媒体在传统营销的基础上又增加了一个精准的传播功能，远远高于公众的预期，因为它的灵活性很强，尤其是做小众传播时。

新媒体具有及时性、互动性、精准性的特点，这三个方面既是它的优点，也是企业在面对危机时需要特别谨慎的三个方面。在新媒体环境下，危机管理原则没有变，但规则和方法变了。品牌及企业家面对危机事件、面对公众、面对媒体的时候，首先是要有真诚的态度，其次要找出准确的原因，最后要有有效的解决方案。这三条原则无论是在传统媒体环境下，还是新媒体环境下，应该是同样坚守的，它们之间的不同点在于新媒体的反应非常迅速。过去，一个危机事件出现后，在传统的媒体环境下还有一个时间差，所以企业还有一个考虑与处理的时间；而新媒体的出现，已经没有了时间差，所以企业现在就应该改动原来的一些规则，迅速地对危机事件进行处理。规则要变而原则不变，这是面对同样的危机事件时，在不同的媒体环境下大家应该注意的。

近期国际上最流行的一个词——SOLOMO（这是英文单词 social、local、mobile 三词缩写后的合成词），SO 指的是社会化，LO 是指本地服务或本土文化，MO 指的是移动通信，社会化媒体加上本地化、再加上移动互联，这就是新传播的一种潮流方式。这是一个国际的潮流，不是我们用与不用的问题，因为这样的一个潮流我们谁也躲不开。

在社会化媒体逐步形成一种新型网络传播的大前提下，目前一些网络上负面的声音比正面的声音明显要多出很多，但其实这种现象是不正常的，很多正面积极的东西完全被淹没且极少人关注，形成一种"泥沙俱下"的现象。

目前，很多网络媒体的商业化元素相对较浓，而整个中国网络受众对于网络媒体和舆论辨识的成熟度还不够高，对信息来源和信息真伪的判断处于弱势，从而很容易被网络上传播的一些负面信息所影响，正是因为缺乏了一个基本的分辨能力，网民会盲目地对某些个案事件进行跟帖批判。而值得注意的是，往往是一些负面的影响会被无限制地放大，而一些正面积极、弘扬正气的典型，却较少被广为传播。

当传播的方式由企业到渠道商再到消费者，变成企业直面消费者，由受众影响受众从而影响企业业绩时，网络营销本身也要面对全新的传播规则。之前企业在进行传统的网络营销模式时，一般都会通过产品发布的形式促使渠道商和终端消费者接受，这中间会有个冗长的过程。但现在的新型传播方式已经摆脱了纯粹基于产品层面的营销，更多的是利用人与人之间形成的社会化网络，是基于公共关系基本原理的营销，通过一些点评的形式来让消费者主动去接受感兴趣的产品。2009 年在伦敦召开的国际公共关系峰会上，公共关系专家提出一个概念——巧传播，这种方式改变了原来传播的媒体，改变了传播网络的规则，是一种非常灵活的方式。

对于目前网络传播当中的一些不良信息，需要加强监管与行业自律。一是政府监管部门应加强网络传播和营销的规范，加强网络传播的法治化和专业化建设；二是网络营销服务行业也应当加强自律，引领全社会正确认识社会化媒体的双刃剑作用，扬"善"抑"恶"。当前，在大力整治网络传播秩序时，还应该对各界运用网络传播产生的对社会进步和经济发展具有积极影响的案例广为宣传，这样就能够把网民迅速带入一个良性发展的互联网大环境当中。

郑砚农

中国国际公关协会常务副会长

中央财经大学新传播研究中心名誉主任

社会化媒体颠覆传统沟通方式

变革从来不是易事，但我相信变革的速度远远超出了我们的想象，恐怕目前公共关系领域的某些人会为了跟上发展步伐而步履艰难。我发现至少有三项挑战会对我们未来的职业和工作产生巨大的影响，我把它们看做是战略使命——必要的进步。

第一，整合公司和客户组织在制定战略决策过程中的沟通和公共关系问题。

第二，必须预见到不断改进的沟通技术。

第三，需要融入全球化进程中，包括理解文化在公共关系中所起的作用。

战略整合

首先，在整合公司和客户组织在制定战略决策过程中的沟通和公共关系问题方面，我们需要开展更有效的工作。尽管我们已经取得了一些进步，但是似乎可以用"进两步，退一步"这句话来加以总结。毫无疑问，我们之所以努力赢得认可，首先成为战略思想家，然后成为沟通者，是因为我们这个现代职业起源于宣传。

但是，要想影响战略措施和商业目标，应把注意力放在结果上。这些在知晓度、知识、态度、意见和行为方面可以计量的变化结果产生于公共关系计划或公共事务活动。结果是指沟通活动的结论或者影响——如果你想影响行为和进行变革，那么这些结果的衡量至关重要。我的观点是，如果我们能够向高层管理人员提供数据，说明我们在促进销售增长、招募员工、吸引人才、建设品牌和树立企业声誉方面做出了贡献，那么我们的战略咨询定会受到重视。如果人们只需将公关界的意见作为参考而不是作为目的，那么数据就成为我们提供咨询意见所需的证明。现在比以往更加重要的一个做法是聆听公众意见、看法，以及预测对组织的策略、计划和运营可能产生或好或坏影响的事件。

沟通为王

全球组织所面临的最具戏剧性的变化之一，就是它们被迫通过新的方式与其利益相关者进行沟通，不管是员工、顾客、股东还是政府监管机构。中国可能是说明数字技术如何从根本上改变人们生活方式的最好例证，数字技术改变了人们阅读新闻、购物、旅行、玩游戏、看电影、表达自己和与人沟通的方式。由于这一趋势发展迅速，理解这些消费者的在线冲动成为融入他们的先决条件，而且这一要求变得日益迫切。在过去的三年里，中国的"数字一代"经历了巨大的变革。随着互联网进一步渗透到中国欠发达地区，数字技术还存在巨大的增长空间。

由于技术的不断进步，企业和它们的公共关系部门迅速地争相引进技术人员来创建、管理和监控信息，年轻人成为变革制造者，这一点也不足为奇。曾经悠闲地控制着信息的企业和组织不知道怎么应对社会化媒体。某公司作为食品业巨头，在其对在线评论采取了恶意态度时，收到了来自Facebook和微博上的强烈抗议。当环境活动家团体、绿色和平组织鼓励人们将Facebook上的个人资料照片改成用该公司食品商标做成的抗议标语时，抗议者开始大批涌入该公司的"粉丝"网页贴文。公司通过轻度威胁予以反击，称："我们欢迎各位的评论，但是请勿在贴文时篡改本公司的商标图案作为你们个人的资料照片，否则它们会被删除。"但Facebook上的抗议者依然对该公司造成了巨大的冲击。该公司没有设立"IT部门"来支持社会化媒体。

现在，数字通信是从下到上、从外到内发展起来的。那些我们在今后几年会雇用的年轻人或已经在初级岗位就职的年轻人似乎本来就了解网络"群落"和在线互动的价值。作为消费者，他们似乎在适应不断变化的焦点和价值观方面准备得更好。有一件事是明确的：不论我们参不参与，在线互动都是存在的。因此，作为公共关系专业人士，我们的主要任务之一就是帮助公司和客户加入到社会化媒体发起的交流中去。

如果一家公司还采用五年前的方式进行沟通的话，到了 2015 年，这家公司必然会倒闭。开放、透明的沟通是取得繁荣发展的唯一方式。

体悟文化

如果无法欣赏和理解全球互联，就无法谈论公共关系的未来。我们具体应该怎样做才能与文化和价值观跟我们完全不同的人进行沟通并建立伙伴关系？毫无疑问，消费者和公司都受到文化的约束。了解不同公众群体的需要、期望和价值观变得越来越重要，虽然这也变得越来越复杂。

不管位于世界何处，我都反复强调，关注公共关系的一个基本目的就是建立和谐的关系。公司和其他组织机构需要聆听并牢记合作的重要性，理解不同文化，恪守承诺，做到经营和实务操作的深度透明。这就需要从公共关系行业内部激发卓越的领导力。我们所处的这个世界具有"新常态"性质，这对我们来说既是机遇，也是唤起我们行动的呼吁。在这个极具挑战性的时代，让我们找到共同合作的方式，领导人们改变他们对公共关系的理解认知和实践操作。

罗伯特·格鲁普

国际公共关系协会 2008 年度主席

美国佛罗里达大学公共关系研究所所长

"神马"是什么

眼下，有关"社会化媒体"的书出了不少，但大多还是集中在如何应用、如何管理的层面上。前不久，有位企业的 CEO 找到我，劈头就问："你们《新智囊》杂志也介绍了不少有关社会化媒体的书，但老实说，我看了几本还是不得要领，你能否用一句话告诉我它的企业价值吗？"

这句话还真让我犯了难，但我知道，企业家的视角与大众确有不同。在一般人看来，社会化媒体的应用，"自媒体"以及"个人化"的角色更浓厚一些。而企业家则不同，他们的视角大多不是"个人"而是"组织"，因此，社会化媒体一旦进入"企业级的应用"，其组织的视角就成为了必然，"社会化媒体的企业价值"也就成为"社会化媒体企业级应用"不可回避的话题。

于是，再看看当前比较流行的有关社会化媒体的书籍，大多数都还集中在技术、操作、广告、营销等层面，从管理维度（战略、组织、文化）出发，专门为管理者提供帮助的书还真是一个相对的"空白"，这或许也是本书的价值所在吧！

回想起自己作为一名"管理者"，对于社会化媒体从认知到实践，再到新的认知，其路径并不"平坦"。记得大约在 2010 年，在智囊传媒内部的一次学习会上，一位年轻员工"达人"滔滔不绝地给大家分享她对社会化媒体的理解与体验，同时呼吁智囊传媒旗下的《新智囊》与中国管理传播网"摒弃传统的刊网合一思想"，把自己转变成"真正的社会化媒体"。期间，她用了大量当时极为"流行"的网络语言——"神马"、"浮云"、"给力"、"闹太套"、"鸭梨"……听得我这个刚刚 40 岁的人云山雾罩、恍如隔世！可鉴于自己的所谓"领导身份"，又不好意思当众提问，只得私下里悄声问旁边一位正听得津津有味的 80 后，"'神马'是什么呀？"没想到就是这小小的一问，竟惹得全场爆笑！在以后相当长的时间里，这句话也成为公司里的一句流行语。

其实，我心里明白，当年像我这样对社会化媒体几乎一无所知的 CEO 还有不少，甚至很多！只是大家处在这个位置上，没有像我这样"不耻下问"罢了。但很快，社会化媒体就不是你想不想知道，而是必须知道的事了。因为就像我遇到的情况一样——这个社会以及你的员工已经发生了变化，你怎么办？社会化媒体所引发的变革已经不是传播手段和舆论环境了，它正在引发一场企业的变革与创新！

近几年，随着网络的普及，社会化媒体的发展速度十分迅猛。应该说社会化媒体的出现，给整个企业级应用带来的不只是一场技术性的革命，而是在认知、方法上甚至在管理的体系等各方面都产生了一系列影响。但企业在面对这一新生事物时，总是显得盲从、不知所措。换句话说，企业在如何应用社会化媒体方面，表现得不尽如人意。尽管在短短的两年多时间里，社会化媒体的操作方法与管理工具不停涌现，但在社会化媒体的应用上，大多数企业仍然在用既往的思维、原来的组织架构，甚至是不变的企业文化给予应对，还来不及对诸如社会化媒体的本质、可能给企业带来哪些挑战做出清晰的认知，其结果就造成了看似简单、其实困难，预想与结果存在差异，无法获得利益相关者的认同，同时面临来自企业内部的巨大压力等不良后果。

于是，正确认识社会化媒体的本质和价值，依然是企业不可绕行的关键命题。而社会化媒体的使命和价值也不仅仅是帮助企业建构关系，营造有助于其生存、发展的和谐生态环境，更重要的在于促进企业从战略、组织以及文化等方面实现向新型组织的转变。从某种意义上说，社会化媒体在企业中的价值不仅仅是营销和公关，其更重要的作用在于推动传统企业向社会化企业转型!

我们之所以有这样的判断,还是基于对企业组织发展的理解。大家都知道,如何让"个人梦想"变成"组织梦想",如何让"个人的坚持"变成"团队不懈的努力",是管理者的重要使命和责任。

在传统管理体系中,企业组织为了实现既定的战略目标,唯一的手段是强化组织职能的管理,让组织内部的职能体系分工更加明确,流程更加清晰,管控更加有力,以达到组织效率的提升。但是,精心架构起来的组织在日益变化的时代,真的能适应这种变化吗?

在全球化的今天,有多少企业的领导者站在自己千辛万苦发现的"蓝海"旁扼腕长叹:自己组织能力无法支撑日益显现的市场与商机,并成为阻碍创新的最大障碍,甚至对组织内部的创新与变革出现了"排异"现象!

事实证明,一味在组织职能层面上强化"管控的力度"和"效率的升级",并不能保证组织的可持续发展,我们要为新型组织的成长打造出传统职能型组织以外全新的创新、学习和沟通空间!

智囊管理研究院认为,"新型组织"可以从三个层面表述,一是职能层面的组织,其关键词是"效率";二是社区层面的组织,其关键词是"创新、学习与沟通";三是虚拟层面的组织,其关键词是"无边界组织和开放性成长"。三层组织由核心价值观、清晰的组织目标以及一系列创新行动链接而成!借用《盗梦空间》里的语境,就是要在核心价值观、清晰的组织目标以及系列创新行动中"实现三层梦境的穿越!"

我们可以把为新型组织的管理者定位为企业的"造梦师"和"圆梦师"。当然,我们的目的不是为企业的管理者塑造出虚幻的"三层梦境"语境,而是在更加丰富的组织形态中激发和唤醒人们体内的各种与生俱来的潜能,为新型组织的成长凝聚新的组织能力,推动组织的创新与变革!而社会化媒体的出现,恰恰加速了新型组织的这个成长过程,并为其提供了重要的"创新、学习与沟通"的社区平台。

最后,如果让我用一句话说清楚"社会化媒体"的企业价值,我想当前众多企业的实践已经给了我们答案，那就是——"社会化媒体"从一开始就不仅仅是营销、公关的手段，而是从"社会化媒体"到"社会化企业"发展的一种必然，是新型企业组织发展状态的一种显现！对于每一个 CEO 而言，社会化媒体更是一个推进战略发展、业务创新的社区；是一个组织能力成长、共同学习的社区；是一个以使命、愿景与核心价值观为基础的利益相关者沟通的社区。

当然，这依然是一个不断发展变化的世界，面对未来，我们需要不断地问自己："'神马'是什么？"

傅　强

智囊传媒总裁

中央财经大学新传播研究中心联合主任

目 录

Social
Enterprises

社会化媒体不是媒体，而是社区

提起社会化媒体，大家似乎并不陌生，一系列社交、视频、微博网站正在以超乎想象的影响力向人们传达着社会化媒体所带来的群体效应，如今已呈现蓬勃发展之势。但企业级应用则刚刚起步，一方面还存在着诸多问题，另一方面也迎来了全新的发展机遇。毫无疑问，研究社会化媒体能够让企业从关注"术"向关注"道"转变，这也是把握社会化媒体未来的关键。研究社会化媒体能够使更多企业从中受益，因此，这不仅是企业，还是政府乃至整个社会都非常关心的焦点。

2012 年第一季度，新浪微博的注册用户突破 3 亿。据新浪微博透露，已经有超过 3 万家企业品牌开始在新浪微博上尝试社会化营销。⊖最先与新浪微博达成合作的是电子商务网站京东商城，2011 年 8 月下旬，京东商城在其企业微博界面上增加了一个"促销"页面，可以直接链接到京东商城的网站上，同时显示商品已经成功加入购物车。

不仅仅是"春江水暖鸭先知"的电商企业，传统零售企业也在微博大行其道的形势下试水社会化营销。几家知名商场也都在 2011 年年初开通了官方微博，但是几大商场的粉丝数只有两三万人，⊜这说明仅仅是促销信息的发布很难真正达到良好的社会化营销的效果。

⊖⊜　谢祖墀. 社交媒体的商业冲击［N］. 经济观察报，2012-05-28.

一位企业高管说了这样一句话："微博对于企业来说，意味着什么？意味着企业开天辟地头一次有了自己的媒体。"这话说得不错，之前企业品牌要接触顾客，需要花钱去报纸上登，去广播电视上打广告，而社会化媒体的出现，包括之前的博客，使企业拥有了自己的"媒体"。于是乎，企业仿佛被报纸、电视压榨多年，现如今终于翻身做了主人，在微博上爱说啥说啥，又不花钱，不说白不说。

很多企业现如今对待社会化媒体，更看重在"媒体"两字上，认为那是自己企业办了一个免费的报纸、电视。事实上，社会化媒体的出现，变化最大的不是企业拥有自己的媒体，而是消费者拥有了自己的媒体，翻身当家做了主人。社会化媒体的出现，不是在互联网上多了个博客和微博那么简单，也不会是一时的时髦之物，社会化将是互联网的常态。用户因为使用社会化媒体而发生了变化，从获取信息、传播分享，到交流、购物和大规模的协作都发生了根本的变化，对于企业来说，应该认识到我们面对的客户变成了社会化消费者。

到现在为止，我们所见到的社会化媒体发挥作用的例子负面居多，这也是政府一直担心的问题。传统媒体在报道这方面状况时也常常把注意力放在"网络水军"、"网络推手"这类引起社会负面效应的例子上，其中一个主要原因就是缺少社会化媒体积极、正面的案例，或者说这种对经济社会有促进作用的案例传播不足，所以应当让社会更多了解社会化媒体正面的作用。从目前看，我们确实也没有真正发现能够影响社会化媒体发展进程的企业，但也愿意通过跨界的交流与合作，帮助企业实现这一目标，并推动其社会责任的达成。

尽管人们通常将社会化媒体视为日益膨胀的营销沟通"工具箱"内不断呈现的新花样，事实上它代表了信息技术对商业最具"转型性"影响的力量之一。而且，这种力量在企业边界内外都发挥了作用，社会化媒体正从根本上改变我们进行沟通、协作、消费以及创造的方式。也许你认为社会化媒体是时间杀手，让人们浪费大量时间；也许你将它视为迎接新一轮市场营销大潮的杀手级应用；甚至你认为这个工具强大到足以改变世界。不管你如何界定现时大红大紫的社会化媒体，无法否认的一点是：它的出现正在打破企业经营中存在的上述坚冰。社会化媒体赋予企业与自己的消费者达成直接且频繁的沟通能力，为企业与消费者建立稳固关系提供了新的可能。甚至，由消费者和企业共同合作推进一个项目，也都成为了现实。那些运用社会化媒体的企业，充分领略了其在改变旧有的企业管理体系方面的重要作用。

巨大的商业变革即将来临——社会化媒体的迅猛发展和网络口碑日益提升的重要性，不仅通过广告、公关、市场、销售、人力资源以及客户服务改变着品牌和消费者的关系和沟通方式，它也正在改变企业的商业模式和组织架构。

博斯公司大中华区董事长谢祖墀认为，面对社交媒体时代的种种挑战，企业注重能力建设是适应新媒体时代的最有效手段。这种能力建设，包括企业的供应链、上下游利益相关者管理，产品或者服务的质量管理，企业的声誉和客户价值认同的改进，同时还要注重企业社交媒体公关能力的建设。这种能力建设意味着建立起一整套危机处理机制：对企业信息进行分类管理、确定信息的传播边界；建立危机应对机制，流程化处理信息发布、公关、消费者和供应商关系管理，以及必要的理赔和退换服务；按照企业的相应文化，建立拟人化易于沟通的信息交流渠道，传播企业价值，增进客户和社会对企业及品牌的认同感。⊖

⊖　谢祖墀. 社交媒体的商业冲击［N］. 经济观察报，2012-05-28.

　　从全球来讲，社会化媒体的发展不过 10 年左右的时间，在中国的发展也就是近三年的事。而 2010 年则是具有里程碑意义的一年，是企业应用和社会关注同样加速的一年。经过实践、摸索和思考，社会化媒体对企业而言的确进入到了从关注"术"到关注"道"的阶段，这既是社会化媒体发展的必然结果，也是把握社会化媒体未来的关键要素。可以说，社会化媒体发展到今天，真的到了改写整个格局和定义的时候（见图 1-1）。

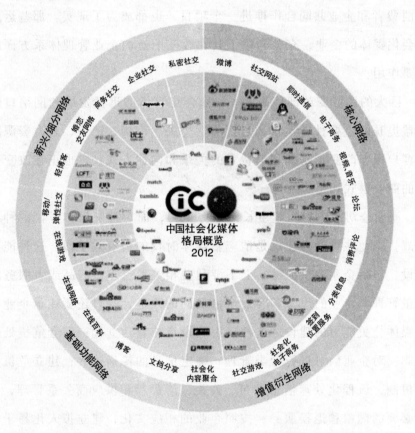

图 1-1　中国社会化媒体格局图

　　社会化媒体是人们彼此分享见解、信息、思想并建立关系的在线平台。社会化媒体与传统主流媒体的区别在于，每个人都可以创建、评论和添加社会媒体的内容。社会化媒体可以以多种形式呈现，包括

文本、音频、视频、图片、社区等。[○]

Facebook 冲击波

2012 年 5 月 18 日，Facebook 创下了科技股 IPO 的历史纪录：融资总额达到 160 亿美元，总市值超过 1 040 亿美元。3 天后，又一项新的纪录被刷新——Facebook 创下了近 5 年来美国股市 IPO 跌幅之最，累计达 18.4%。[○]

我们所关注的并不是 Facebook 的巨大融资总额，也不是其股价的"跳水表演"，而是它曾经是个微不足道的小工具，只是方便大学生彼此联系，而现在成为一家拥有 9 亿用户的伟大公司。若把 Facebook 看成一个网络国家，那么它的人口仅次于中国和印度，更为重要的是，它现在正在为越来越多的企业提供有价值的服务。

福特汽车无疑是其中非常成功的一位。在 2012 年的新品促销中，福特汽车创造出了一个会说话的布袋木偶 Doug 的形象。这一形象在 Facebook 上迅速风靡，一共有超过 4.3 万人喜欢这一形象。而在采访中，有超过 60% 的受访者表示因为喜欢这一形象会考虑购买福特的新车。[○]

福特公司在 Facebook 上的这次营销活动一共花费了 11 万美元，与其 2012 年度 9 500 万美元的广告预算相比，简直是不值一提，但这"美分"级别的投入却换来了巨大的广告效应。当然，四两拨千斤的故事不可能每天出现，即使是对于谙熟形象传播以及对 Facebook 广告足够重视（前 10 名的网络广告商中在 Facebook 上广告出现比例最高）的

○ 戴维·米尔曼·斯科特. 新规则：用社会化媒体做营销和公关 [M]. 赵俐，等译. 北京：机械工业出版社，2011.
○ 王哲玮. Facebook 的"后 IPO 猜想"[J]. 计算机世界，2012（21）.
○ 谢祖墀. 社交媒体的商业冲击 [N]. 经济观察报，2012-05-28.

迪士尼公司，也没有做出一个很成功的营销案例来。

2010 年，英特尔公司试图通过邀请用户在 Facebook 上发布自己对英特尔产品的创新想发，进一步强化公司的创新精神领袖地位。通过与 Bulbstorm 的合作，利用 Bulbstrom 在 Facebook 上的应用平台，这次的品牌活动定下了在 10 周内拥有 1 万名活跃参与者并搜集 400 个创意想法的计划。

活动的具体操作是组织一次创新想法的比赛，获胜者可以得到英特尔"产品创意部"副总裁的称号一天，并可以与英特尔工程师就产品创新发展进行面对面交流。

这次的比赛主题主要包括：产品名字和产品功能。活动最终产生了超过 42 万的品牌关注度、5 000 个产品创意和核心媒体关注。

或许不是每个消费者或者 Facebook 用户都会热衷于为产品贡献创新想法，但若能通过科技发烧友们的创新建议让消费者享受用户自创内容的独特乐趣，那么品牌通过这样的活动能够创造的就不只是一两个创意想法，而是不同的产品用户体验了。

德国信息经济、电信和新媒体联邦协会（BITKOM）的一份问卷调查结果显示，社交媒体已经成为德国企业不可或缺的一部分，尤其是社交网站 Facebook。

据德国之声电台报道，该协会对 700 家企业进行了问卷调查，结果显示，近 50% 的企业已经在社交网站注册，另有 15% 的企业正在准备或者计划在社交媒体露脸。德国公司尤其看好能够展示自己企业特点的社交网站，其中占主导地位的社交网站是 Facebook，它也是德国市场用户最多的社交网站。32% 的德国企业在该网站有至少一个页面，这占到所有使用社交网站企业的 2/3 以上。㊀

㊀ 参考消息网．德国企业利用 Facebook 增加知名度 ［EB/OL］．2012-05-14. http：//finance. cankaoxiaoxi. com/2012/0514/37866. shtml.

　　报道指出，增加企业的知名度、赢得新顾客，这是各公司加入社交网站的首要目的。BITKOM 主席迪特尔·肯普夫说："支持使用社交媒体的最重要理由来自企业的公关部门。人们希望利用社交媒体技术开拓与顾客沟通的新模式。"

　　如果说社交媒体已经成为企业公共宣传的一个组成部分，那么在人事管理领域则还有改善的空间。BITKOM 的问卷调查显示，只有不到 1/4 的企业在招募新员工时主动使用社交媒体。肯普夫说："我认为在今后几年中，还会有其他重要的功能领域在企业里得到重视和发展，其中自然包括人事管理。"

　　应该说，社交网络颠覆了传统的社交方式，也正在改变企业的管理与商业模式。社交网络不仅仅是一个新的营销渠道，它的影响会渗透到商业的方方面面。尽管社交媒体首先作用在营销部门，但是社交网络的职能广泛得多，从研发部门到人力资源部门，从基层的各个部门到企业高层领导，社交媒体已经完全转变了企业交流、运营、组织和创造价值的方式。

从社会化媒体到社会化企业

　　企业要想真正利用好社会化媒体，不是一个实习生发发微博那么简单，也不是一个部门维护几个社会化网络平台账号那么容易，而应该借助外力进行企业内部重组，以达到用最快的速度倾听用户、合作伙伴和员工的声音，做出积极有效的反应。

　　要从根本上解决这个问题，必须从 CEO 等高层做起，他们必须要认清一个事实：社会化媒体的出现不单单只是多了一个微博、一个企业博客那么简单，而应该认识到，社会化媒体的出现意味着消费者和品牌沟通的方式发生了根本改变，消费者不再是单向信息的接受者，他们渴望对话，而不希望只是被当成一个个数字。只有认识到社会化媒体是"人"的媒体，CEO 开始身体力行地推动公司积极采用社会化媒体和消费者、合作伙伴、员工互动对话，企业才能更快更好地适应市场变化。

IBM 最近的一份调查报告显示：从全球公司 CEO 的名录来看，其中通常包括名人、亿万富翁、自我主义者、冒险者和失败者，不包括的则是社交媒体专家，但这种情况将会发生改变。当 IBM 对全球范围内的 1 709 名公司 CEO 进行研究时发现，仅有 16% 的 CEO 参与社交媒体，但分析显示，这一比例很可能会在 5 年时间里上升至57%。⊖

"当公司 CEO 提高其组织内部的开放程度时，他们就可开发一种协作的环境，鼓励员工大声说出自己的想法，实施个人的首倡计划，与合作伙伴联系，以及进行创新。"IBM 在其研究报告中做出结论称。

简而言之，一家公司的文化基调是由 CEO 和高管设定的。通过参与社交媒体的方式，他们可以含蓄地推广社交技术的使用，这将让他们的公司变得更具竞争力，而且能够更好地适应突然的市场变化。

这份研究报告所发现的其他主要事实如下：

- 公司 CEO 正在改变自身工作的性质，在"需求与控制"的信条中注入开放性、透明性和员工激励与放权的"强心针"。在过去的一个多世纪里，"需求与控制"一直都是现代企业的特征。

⊖ 童云. IBM 称 CEO 不参与社交媒体将削弱公司竞争力 [EB/OL]. http://tech.qq.com/a/20120522/000367.htm.

- 表现超出同行的公司将开放性视为对组织的关键影响因素的可能性，要比其他公司高出30%，这些公司经常都拥有一种特征，那就是对社交媒体的使用更多，将其作为协作和创新的关键促成者。

- 虽然当前社交媒体是所有组织与客户互动方法中最少被使用的一种，但却将在未来5年时间里成为排名第二的互动方法，而且与位列第一的面对面互动之间仅有很小的差距。

- 超过半数（53%）的公司CEO正计划使用社交技术来促进与外部组织之间更好的合作，52%则称其正将注意力转向更好的内部协作。

- 在协作创新方面取得优胜并非公司CEO向其HR负责人委托的任务。据IBM的研究发现，企业高管实际上感兴趣的是以身作则。

- 公司CEO认为，在更加复杂的、互相联系的环境中，有关协作的人际交往能力（75%）、通信（67%）、创造力（61%）和灵活性（61%）是促使员工取得成功的主要推动力。

- 朝着更好协作发展的趋势已经超出了单个组织的范畴，延展至外部合作关系。CEO们对外部合作关系的重视程度已经达到了历史最高水平。2008年，在接受IBM访谈的CEO中，仅有略多于1/2的人称其计划达成广泛的外部合作关系；而时至今日，有超过2/3的CEO称其计划这样做。

- 公司CEO更加集中致力于深刻洞察客户。73%的CEO正在进行重大的投资，以提升公司利用可用数据来吸引有意义客户的洞察能力。

IBM的研究报告表明，CEO及他们管理下的公司必须不断演进才能保持竞争力。合作伙伴、供应商、员工和客户都希望公司CEO能亲自与其进行沟通，从而建立相互信任，帮助他们适应公司的战略。在这个问题上，有许多事情都正处于紧要关头。如果公司 CEO 继续躲在象牙塔中，以某种"需求与控制"的信条为幌子，那么他们职业生涯的下一章可能会在别的地方书写。

在社会化媒体的应用上，大多数企业仍然在用既往的思维、组织架构，甚至是不变的企业文化给予应对，还来不及对诸如社会化媒体的本质、企业可能面临哪些挑战做出清晰的认知，其结果就造成了看似简单、其实困难，预想与结果存在差异，无法获得利益相关者的认同，同时面临来自内部的巨大压力等不良后果。因此，企业在进行社会化媒体应用之前，首先应对如下八大问题给予认真思考（见表 1-1）。

表 1-1　社会化媒体企业级应用框架

	战略	组织	文化
社会化媒体	变革 创新 营销 风险控制	组织架构 客户关系	沟通方式 企业文化
社会化企业	创新社区	学习社区	沟通社区

资料来源：智囊管理研究院。

1. 拥抱社会化媒体，要有变革之心

社会化媒体引发的管理变革，不是一个单纯的网络应用，应该是一个生态系统。旨在帮助企业在与利益相关者的沟通中寻找新的模式和方法，建立新的沟通管理体系，实现最高效的沟通（见图 1-2）。

2. 要的是沟通，而不是销售

营销是社会化媒体在企业级应用上最多的诉求，但此营销非彼营销，它是实现组织内外部有效交流的新型沟通方式（见图 1-3）。

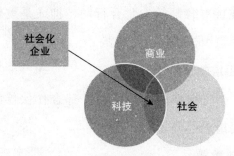

放眼整个世界，不管是人与人之间的沟通，还是企业的业务运营都已经在互联网上进行交互，旧的组织规则、商业规则和传播规则已经不再有效

图 1-2　社会化企业的角色

资料来源：NOKIA Company.

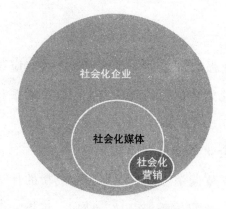

社会化媒体不仅仅是一种营销和公关的手段，而是一种商业模式，是社会化企业的核心

社会化媒体的应用与企业的战略和文化紧密相关

社会化媒体的应用需要内部与外部并重，而且需要核心价值观的支撑，需要一种开放的文化

社会化媒体的应用价值与企业的社会化进程密切相关

图 1-3　社会化媒体的应用

资料来源：NOKIA Company.

3. 风险控制："堵"不如"疏"

社会化媒体也告诉我们，在这个新传播时代里，危机公关应该放弃"摆平"、"控制"的想法，更不可能以所谓的"阻断"去扑灭危机之火。

4. 拆掉企业"围墙"

社会化媒体未来将由哪些部门承担这一责任？是加强原有相关部

门的力量，还是实现现有各部门的联合行动，抑或是重新建构新的部门，这对企业已有的组织架构提出了挑战。

5. 协作创新：团结就是力量

企业可以通过社会化媒体建立广泛的外部合作伙伴网络，作为其整体创新战略的主要组成部分。

6. 客户关系如何重塑

您公司在社会化媒体上的形象如何？当您公司被人在社会化媒体上提出质疑，您会不会置之不理，想就此逃避问题？当顾客在社会化媒体上对您公司做出了好评，您会不会一笑了之，好像没发生过？当您公司收到了顾客提出的问题，或者有顾客向您公司寻求帮助，你们会及时给予他们回应吗？

7. 社区不可能"被创建"

目前对于社会化媒体，过分地强调了其中的媒体属性，其实应该更加关注它的社交性，因为社会化媒体的目的就是为了与客户联系和建立关系。

8. 不是所有的企业都适合社会化媒体

不是所有企业都适合社会化媒体营销，也不是别人做成功的社会化媒体推广模式都可以照搬，社会化媒体需要开放、诚实、坦率、透明的文化环境支撑。

社会化媒体 VS 沟通社区

从广义的角度来讲，社会化所传达给组织利益相关者的已经不是简简单单的信息分享，而是在分享的基础上无形中添加了一种多样化的体验和情感的沟通与交流。那么，从这个角度来讲，人与人之间的沟通由传统意义上的直线型变为了网状的结构。在这样的情形下，组织的内部如何实现有效的、开放的、充满真诚的交流？

　　社会化媒体的魅力就是和目标消费者建立一种联系：这种联系是基于品牌核心价值的深邃理解，恰到好处地把握、挖掘，这种联系如一座触动心扉的心桥，不是平淡无奇的水泥桥。

　　一个高效利用社会化媒体的公司，自然是一个爱学习、懂分享、重对话的公司，如果公司内部都不能社会化起来，又怎么能很好地去利用社会化媒体呢？

　　专家分析了7种企业不适合社会化媒体的症状：⊖

- 用传统营销思维来指导社会化营销；
- 嘴上重视社交网络，眼里盯着传统媒体；
- 打着人性化的旗号，实际忽略网上的投诉；
- 表面披互动的皮，实际干洗脑的事；
- 关系不到位就想霸王硬上弓立即套现；
- 感觉搞噱头的比抓客户的牛；
- 把社交网络的ROI全推给市场部。

　　在《开放：社会化媒体如何影响领导方式》一书中，管理专家查伦·李认为，无论一项技术多么振奋人心，无论关系网具有多大的潜力，面对顽固的企业文化，没有正确的组织和恰当的领导力，任何数字技术战略都将注定失败。⊖

　　随着的顾客和雇员越来越精通社会化媒体和其他新兴技术，组织的领导者也会随之开放，并促使其在令人不安的领域进行尝试。也许你会下意识地反对这种趋势，甚至认为这仅仅只是一时之风，会像你期望的那样自然褪去，甚至消失，但实际上，这一切都不会发

　⊖　http://www.socialbeta.cn/articles/7-opinions-about-brand-use-social-media.html.
　⊖　查伦·李. 开放：社会化媒体如何影响领导方式［M］. 李金檣，忻璐，译. 北京：机械工业出版社，2011.

生。不仅这种趋势不可避免，而且会强迫领导者和组织变得比今天更加开放。

过去，组织领导者可以安坐在奢华的办公室中，只在他们感觉需要时才公开信息。今天，有关公司违规操作和执行失误的信息会在瞬间传遍网络。同时，与企业相关的所有人，从顾客、雇员到业务合作伙伴，都认为在他们的想法没有实现时，有资格发表自己的意见和表达不满情绪。这个世界到底发生了什么？曾经捍卫彼此关系的基本法则已经被改写，这都源于互联网上便捷、免费的信息分享。

在查伦·李看来，需要开放的领导者去执行它。被授权的员工和组织是今天领导者的压力所在，这严重挑战了传统意义上的"命令—控制模式"。尽管如此，领导者要做的不是直接放手，他们需要做更多事情。事实上，领导者会说："既然我来负责，我就需要管控。如果你让我开放、放弃控制，那么我的职责是什么？"这正是问题的症结所在：新的管理关系迫使领导者必须重新思考如何领导，如何获得人们的追随。

开放领导力要求全新的管理方法，全新的思维模式，全新的技能。领导者单纯扮演一个优秀的交流者已经不再足够，必须能够自然地分享个人观点和感受，来发展更为亲近的关系。负面的在线评论不能再被回避或忽视，相反，领导者必须接纳每一次开放所带来的冲击，并将之看作一次学习机会。仅仅保持谦逊也是不够的，领导者必须寻找机会，做到每一次、每一天都秉持着谦逊的态度，即使面对人们的抱怨也会像是接受别人的谢意那样感动。

企业利用社会化媒体是一个复杂的、长远的、系统的过程，只有深入参与其中，才能挖掘出社会化媒体更多的价值，只有把社会化的精神和企业融入一体，才能有在社会化媒体时代有所作为。

社会化媒体 VS 学习社区

也许，你工作的氛围并不是那种格子间，但你可能仍然相对封闭。这句听起来有点拗口的话，正是如今各大企业及个人社会生活的写照：不管是刻意为之还是不经意间，人们都将自己的生活和工作，甚至工作与工作之间相互分开。市场营销部门与产品开发部门各自为政，执行团队又与这两个部门脱节。消费者或者客户有价值的意见止步于售后服务部门，上情无法下达。我们收集信息的能力越来越强，但是在信息的分享与处理方面，依然有厚厚的坚冰需要打破。

不过，企业也开始应用社会化媒体与客户进行交流对话，用以达成品牌建设、线上公关、客户服务、产品研发与销售等目标。

社会化媒体的应用已不再专属于公司的市场营销部门，它已然渗透到了公司的产品销售、客户服务、研发创新、人力资源、财务审核、发展规划以及经营管理等层面，并引发了公司甚至整个行业内部的变革（见图 1-4）。那些善于审时度势、随机应变的管理人员在这场变革中能领导公司在竞争中立于不败之地，而因循守旧、墨守成规的管理人员则会让他们的公司在竞争中处于劣势。

由于社交性企业会在其内部和外部大量应用社会化媒体，这样的企业便具备了新的竞争优势。因而，社会化媒体强大的信息传递性对企业的影响力就成为社交性企业的一个重要特点。

社会化媒体的介入会促使企业进行自我反省："如果公司和客户、员工、股东之间能够通力合作，公司将会呈现怎样的面貌？"随着公司在管理的各个层面上应用社会化媒体，公司逐渐会找到上述问题的答案。由于公司与众股东互动合作的方式之多和频率之快都可谓前所未见，应运而生的就不仅仅是公司本身，而是网络社区。这些社区的存在使公司可以将几十年来酝酿的想法付诸实践，也就是将消费者放在企业运营的核心地位。

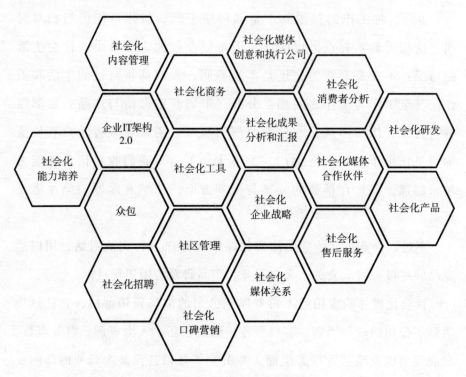

图 1-4　社会化媒体已经进入企业运营的每一个环节

资料来源：NOKIA Company.

在很多公司，客户服务是一个很边缘的成本中心，客服人员只是被动地去接收用户的各种问题，而客服人员的思路则是把问题"处理掉"，而不是把用户的问题"解决掉"。而社会化媒体时代，消费者可能会通过微博等平台来投诉或者反馈问题，这使得客户服务变成一个全公司的事情，很多用户反映上来的问题，业务部门可能在微博上就直接看到，并且给予了快速的反馈，这些业务部门比起客户服务人员来说，他们更知道消费者问题的所在，解决问题自然要比客服人员高效，用户的满意度自然提高。

全员都是客服人员的转变带来的另外一个好处，那就是让每个原先躲在客户服务部门后面的产品设计人员能直接接触到消费者，他们的问题、投诉、建议都能给产品设计人员带来灵感。

一个比较著名的案例是电脑制造商戴尔，2007 年它开始在 Twitter 上设立"DellOutlet"账户，通过关心客户与客户交流的形式来与客户建立关系，让客户可以用跟随的方式即时了解折扣、清仓甩卖以及新到产品等信息。戴尔也针对不同群体开设不同账号，如针对中小企业的"Dell SmBiz Offcers"与针对家庭用户的"Dell Home Offers"等，借由这种方式，戴尔创造出数百万美元的销售额。

除了应用在销售之外，戴尔也搭建了思想风暴平台，通过社会化媒体聆听客户需求，收集产品建议；通过分享与学习，将最新的技术和解决方案回馈给客户。戴尔应用社会化媒体联接了超过 350 万名客户，有近 62 个国家和地区的超过 9 万名客户在 Dell. com 上对产品进行打分和评价，超过 1.5 万个客户想法被集中起来，超过 400 个想法最终付诸实施，而在思想风暴平台上的客户想法被宣传了超过 75 万次之多。⊖

除了这些针对外部客户的应用之外，企业也开始将社会化工具应用在内部客户——员工，借由社会化学习，搭建非正式学习的体系，加速企业内部知识传递的速度。

那么，什么是社会化学习呢？就是同他人一起学习或从他人身上学习的过程，也是应用社会化工具所进行的非正式学习，以达到快速接受信息，增加多元观点及借由与他人交流达到优化决策的效果。实际的应用可以是员工在微博上发表工作中遇到的问题，寻求帮助；或

⊖　杨谨忠. 社会化学习：企业学习的新趋势 ［EB/OL］. 2011-08-10. http：//epaper. rmzxb. com. cn/2011/20110810/t20110810_ 406073. html.

者是讲师在面授课程结束后，通过网络社区的模式，持续与学员保持交流等。

随着"80后"、"90后"的年轻人不断进入职场，这些对于他们在日常生活中就习以为常的沟通模式，也开始在企业学习的应用上加深。

戴尔、英特尔等社会化媒体实践的先行企业，为了更好地管理和应对社会化媒体带来的巨大机会与挑战，建立了社会化媒体聆听中心，有专门的团队负责社会化媒体的战略规划、培训和评估，除了营销、公关和广告，也涉及其他部门。

这些团队的主要工作包括如下几项：第一，研发和客服——论坛和点评网站上包含大量的消费者关于品牌和产品的评论和看法，可以为企业新产品开发提供依据和创意，并帮助改善客户服务的水平和效率；第二，营销和沟通——SNS、微博、LBS、即时通信的互动性强，覆盖面广，非常适合做各种类型的互动营销和沟通活动，从而提升企业的品牌形象；第三，销售和广告——电子商务、游戏和视频分享网站可以直接进行线上销售、植入广告或视频广告，能够短时间内快速提升销售水平和品牌知名度；第四，人事和文化——SNS、微博开始成为新的人才招聘渠道，企业不仅能够通过发布企业活动相关的照片和视频提升企业文化和公司形象，还能够与潜在人才沟通互动；第五，公关和情报——百科类网站是完美的知识分享平台，博客能够有效传达企业形象。○

很长时间以来，企业都是社会化网络应用的先驱。几乎所有大型企业都备有每个雇员的信息记录。问题是这些记录都是只读的。如果将这些记录的管理权交予雇员，并使之变得可写，可从根本上将整个

○　昀灏. 所有商业终将"社会化"［J］. 新财经，2011（4）.

系统变成一个迷你型的社会化网络。

　　品牌的核心价值与精神将更多地建立在消费者理解基础之上，在品牌与消费者的每一个互动环节上，消费者都会为品牌赋予传播点甚至创造价值。社会化营销以及正在扩大的社会化商业模式，让营销活动有了消费者与品牌极佳的一对一对话机会，相互了解与相互影响，生意基于关系，品牌与消费者之间的关系需要积极管理。

社会化媒体 VS 创新社区

　　你大概听到过类似这样的话："我们需要在微博上有更多的粉丝"，或者"我们的 CEO 想在微博上有更多的粉丝"。作为一个市场人，我们应该怎么做呢？

　　我们面临的挑战不仅仅是要教育自己，还要教育周围的人。事实是：企业社会化媒体上的成功不能仅仅用粉丝的多寡来衡量。

　　相反，你应当跟踪有多少粉丝最终购买了你们的产品或服务。正如管理大师彼得·德鲁克所说："一个生意只有一个有效的目的，那就是创造顾客……顾客是一个生意产生并存在的基础。"社会化媒体是一个渠道，不是一项战略。

　　微博和其他的平台不能仅仅因为它们存在而被使用。相反，应当根据业务的具体情况来判断是否使用它们。

　　高管可能了解社会化媒体如此强大的原因——能够放大口碑效应，但谈到如何驾驭社会化媒体的影响力，他们就显得有些丈二和尚摸不着头脑了。尽管企业纷纷积极开设官方的微博和博客，但真正了解社会化媒体究竟是如何与消费者互动，并借此拓展产品和品牌认知度、提升销售和盈利、激发顾客忠诚度的企业却是少之又少。

　　为什么对许多高管（尤其是非营销部门的高管）而言，社会化媒体仍是一团迷雾，这里面有两个相互关联的原因。首先，源自社会化媒体的朦胧本性。尽管谁都知道消费者越来越喜欢在线讨论产品和品牌，寻求相关建议，并互相提供建议，但企业究竟可以在何处及如何影响这些对话却不清楚。毕竟这些对话横跨各式各样、不断增加的平台，出现在多元且分散的群体之间，可能是以极快的速度发生，也可能花费好几个月酝酿。其次，没有一个适合且统一的指标来衡量社会化媒体对营销的影响，因此企业要把大量资源（不管是财力还是人力）投在一项收效尚不明确的项目上，实在很难说得过去。

中国一家航空公司曾经做过一个实验，找了最漂亮的100位空姐开微博。当时确实有一点小轰动，很多年轻的男性都去"粉"这些空姐，指望这些空姐跟他互动。但是航空公司并没有把服务质量提高，你坐它的航班一样会延迟，不得不在机舱等很长时间，还是会被怠慢。而人们会不断把这些愤怒在互联网上发布，再多空姐有什么用？这家航空公司的形象并没有因此发生质的变化。企业的组织如果不能做一个再造，问题还是会凸显。今天的组织是一个树状结构，市场营销是市场营销的人，人力资源是人力资源的人，各管一堆事。越大的企业做微博，效果越差。他们去做营销没有特别大的用处，必须打通前端和后端的循环，信息流和资金流整合才有可能。

最理想的讨论方向是社会化媒体有助于提高生产力。近期，弗雷斯特（Forrester）研究公司发布的报告称，大多数接受调查的员工认为社会化媒体令自己效率更高。然而，CEO觉得，社会化技术之下的过度交谈和人们在相关媒体中展现出的"娱乐精神"可能会降低员工的生产力。而且，这种潜在风险不仅仅存在于那些"Y世代"的新手员工身上——社会化网络用户的平均年龄为37岁。

如果继续进行生产力的讨论，可能会为CEO和社会化媒体专家两方都带来不利。在评估社会化媒体对生产力提高作用的过程中，不妨考虑一下手机、电子邮件会话等其他通信形式。难道每封邮件、每通电话都一定能提高生产力？当然不是。

事实上，社会化媒体有能力解决合作沟通之外的问题，例如战略执行。数十年来，战略执行问题始终存在于诸多企业董事会中，几乎只有1/10的公司能有效解决。

战略执行不佳的根源在于交流沟通不畅，最严重的后果可导致员工无视公司战略，而管理层在战略决策时也忽略员工的意见。

星巴克公司也有一个类似的项目，名为"星巴克创意"。在这个博客上，50位来自星巴克的代表与消费者持续保持沟通，处理消费者提交的各种改进其工作的建议。这些代表们会对创意进行评判，并充分运用那些最好的点子。比如，防止烫手的橡胶圈杯套等，就来自网友的建议。为了确保在网络上保持统一的形象，星巴克只开设了一个Twitter账户，但可以实时与100多万个追随者沟通。[⊖]

为了获得更好的效益，越来越多的社交性企业与其他企业结盟，此举不但可以扩大产品范围，从没有充分挖掘的知识产权当中获益，加速研究开发的进程，建立强大的准入壁垒，还可以创建更灵活、更能赚钱的整体商业模式。为以最有效的方式实现以上目标，这些社交性企业正在全球范围内改变工作方式和运营技巧，以便充分利用自身和结盟公司的专长和优势。

公司结盟并不新鲜，由于全球化的网络设施使公司联系更为紧密，而且还降低了沟通的成本，所以身处大洋彼岸、分属于不同类型企业的公司通过社交平台可以更方便地整合人力资源和信息资源。现在，更多的公司可以参与到一个更宽泛的结盟模式中来。如今，公司已经不局限于通过电话、公务招待、费时的差旅来和有限的公司建立密切

⊖　文岳，等. 社会化媒体在革谁的命？［J］. 创业邦，2011（4）.

而又排外的关系，而是可以利用社交网络、视频会议、网络博客、微博以及其他交流工具与其他公司建立友谊关系、平衡利益。这样，公司就形成了更为广泛、更为灵活的一个商业系统，这个系统由顾客、政府、研发公司、大学甚至竞争对手组成。原先那些独立经营的公司被这种兼容并蓄的商业系统所取代，在这个体系中，公司会定期同自己结盟的公司交流合作。

面对变革，有的企业选择去适应。例如，宝洁更多地运用外部的资源来实现"开放式创新"，打破了人员规模的局限；电子消费行业巨头百思买（BestBuy）旗下的服务公司"奇客"（GeekSquad），通过网上协作设计产品，有时依靠电脑游戏沟通业务，从而有效降低了协调成本。电子商务巨头 Zappos 的 1 600 名员工中有相当多的人都是 Twitter 的忠实用户，他们的朋友、同事以及顾客在任何时刻都能通过此了解他们的最新信息，这可能是另一种意义的"无边界组织"。

越来越多的企业会参与到社会化媒体应用的行列中，但正确认识社会化媒体的本质依然是企业不可绕行的关键命题。而社会化媒体的使命也不仅仅是帮助企业建构关系，营造有助于其生存、发展的和谐生态环境，更重要的是促动企业实现向新型组织的转变。

但我们也必须清醒地认识到，无论是在实践层面，还是在理论层面，甚至是能力建设层面，目前都有很多空白，需要大家去摸索、去填补，这是未来学界、企业界要致力做的事情。

拥抱社会化媒体，要有变革之心

> 在未来社会化媒体企业级应用中，必须将之提升到企业的战略高度，这也将意味着未来的竞争格局。

在达沃斯举行的世界经济论坛年会，以其聚集了全球重量级人物而闻名。然而，当代表们散会回家后，即使把他们中的几个人聚在一起，也会变得困难重重。为了让与会者保持交流，论坛组织者 2009 年发布了一款安全的在线服务测试版，会员可以发布个人简介和其他信息，也能创建与其他用户的链接，以形成协作工作组。该服务命名为"世界电子社区"（the World Electronic Community，WELCOM），作为论坛专属的在线网站，目前只有大约 5 000 名会员。

然而，如果说有何服务堪当"世界电子社区"如此之大头衔的话，那一定是 Facebook。Facebook 已走过了 8 个年头，如今它在互联网上受欢迎的程度仅次于 Google。这个全球最大的在线社交网站宣称月活跃用户达到 9.01 亿人——如果把它算作一个国家的话，Facebook 就是世界上仅次于中国和印度的第三人口大国。这还不是唯一令人吃惊的数据：Facebook 的用户日均"赞"（like）和评论达到 32 亿条，日均上传图片 3 亿张。⊖

社交网站的另一个伟大成就，在于它们使自身成为大众传播的卓

⊖ Facebook 将 IPO 最终发行价格确定为 38 美元［EB/OL］. 腾讯财经. http://news. imeigu. com/a/1337285820936. html.

越工具。用户只需简单更新一下他们的 Facebook 个人页面，或者发送一条微博，就能让他们的朋友网络——有时即是全世界——知道他们的生活中发生了什么。此外，他们只需点击几下鼠标，就能发布视频、图片以及大量其他内容。投资 Facebook、Twitter 的硅谷资深投资人马克·安德森（Marc Andreessen）评论说："这意味着人们相互间的交流能力取得了巨大而永久的进步。"

对于企业而言，社会化媒体带来了全新的挑战和机遇。如果你拥有一个品牌，一定要小心！你的客户总会在你的品牌标志上打主意，给你来个出乎意料的形象大变身。现在他们已经在围绕这个点子窃窃私语，想把你花了数百万、数亿美元创建起来的品牌做个再定义。

如果你是零售商，你锁定的渠道已经没戏了，人们不仅在线购物，还会相互买卖。他们在互联网上到处询价并且与你的价格进行比对，并互相介绍哪里可以买到最好的产品，正如《长尾理论》的作者克里斯·安德森曾经指出的，有限的货架空间比起无限选择的在线购物，力量悬殊实在太大了。

如果你有一家金融服务公司，你垄断的资金链好景不长了。交易都在网上进行了，客户从 Yahoo! Finance 的留言板和其他各种工具中获得金融消息。企业都喜欢像 Prosper 这样的网站，允许客户之间相互借贷，不用非得去银行。PayPal 的很多交易使信用卡不再必需。

B2B 公司会更明显地受到这一趋势的影响，它们的客户有充足的理由联合起来给企业服务评级。如，他们可以加入像 IT toolbox 这样的网站以分享内幕消息，或在 LinkedIn Answers 上互问互答。

甚至在公司内部，你的员工也使用社会化网络，通过在线协同工具产生创意，并且对你的策略品头论足。

社会化媒体营销变革了权力格局。任何人都可以搭建一个网站，让人与人之间相互沟通。如果设计得好，人们就会用它，还会告诉朋友们也去用它。他们打理生意，阅读新闻，发起流行的活动，甚至相互借钱，只要这个网站能解决他们的某些困难或带来便利。而那些一向以正统自居的商店、媒体、政府甚至银行会慢慢发现自身已无足轻重。如果你是垄断者，社会化媒体营销将吃掉你的利润，关闭你的店铺，并且把你的优势资源边缘化。

从中小网站上的弹窗到门户网站上的广告条，从邮箱里的营销邮件到视频网站上的植入广告，从博客上的软文宣传到微博上的信息传递，从百科上的信息公开到社交网站的关系营销，网络营销一直呈百花齐放之势，这种日新月异的变化来自于网络媒体的不断发展，社会化媒体百家争鸣，社会媒体营销革命正在爆发（见图2-1）。

基于门户网站（Web 1.0）的点状信息传播，和基于Web 2.0平台上建立的社会化媒体的应用是两种完全不同的运作思路与方式（很多人仍然把旧的传播规则套用到新的Web媒体上，结果必然是惨败）。"传统思维+互联网手段"的思维和方式根本行不通！

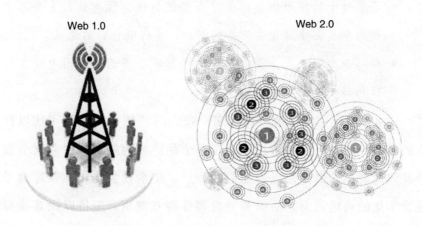

图2-1　社会化媒体需要全新的解读

资料来源：智囊管理研究院。

从传播到对话

在社会化媒体出现的初期，一些品牌开始谨慎地从原本准备用于网站建设的一笔预算中拨出一小部分，试水社会化沟通性质的活动，比如开设公司博客，建立品牌社区等。同时，它们还开始运用一些社会化营销工具，如在产品介绍中加入用户评论，开设消费者问答专区等，希望借此把更多潜在消费者转化成实际产生购买的消费者。这些在初期做出勇敢尝试的品牌还率先开设了消费者沟通平台，使品牌与顾客之间的关系联结得更为紧密，沟通也更为畅通。

社会化媒体的兴起，彻底改变了传统的互联网交流方式，从广播电视等的传播方式，直接变成了顺畅的人与人之间的互动交流，每个人都拥有自己的社交关系网络。

- 尽可能不要依赖于权威的意见（广告、名人代言、专业评论等），因为我们可以从更值得信任的人身上得到更可信的意见，因为他们都是和我们一样的人。

- 不要过于信任产品与品牌广告里说的话，因为我们完全可以去找那些真正使用过该产品的用户，去听听他们的意见。

- 同样身为消费者，我们彼此之间需要多多沟通，因为现在的沟通已经变得前所未有地便捷。

自从社会化网络营销出现以来，我们的"顾客"收到了比以往更多的邀请。比如，在网络社区上与某个品牌成为好友，接着就会被这个品牌邀请加入微博，成为他们的粉丝。整个社会化媒体就好像是一场数字化的鸡尾酒会。品牌要一直遵守游戏规则，坚持以顾客亲身融入参与的方式，达成双方彼此间的相互沟通——只有这样，你的品牌所拥有的这些网上的潜在消费者才不会离开。如果品牌一旦违反了游戏规则，企图利用社会化媒体平台发布任何广告相关的信息，大家也都会毫不留情地离你远去。

社会化媒体和社会化企业社区鼓励消费者自己主动创造内容，这一方式也同时拉近了企业品牌与消费者之间的距离。通过口碑传播方式传达的信息话语，要比用传统广告的方式更有说服力。然而，由于在网络上感受到了自己与品牌之间竟能如此顺畅地进行沟通，自然让消费者觉得自己对于品牌的重要性，这种期待会影响到互联网之外的其他领域，人们在现实生活中也会对品牌的这种态度有所期待和要求。正是互联网的这种力量，这种品牌与消费者之间有了对话和沟通所产生的力量，又重新唤起了人们对于广告、对于企业商家的期待，而不是那种广播电视时代曾经带来的不信任感。

一些聪明的品牌已经开始意识到这种沟通和对话的力量，于是把它运用到了传统广告的领域，包括在报刊、电台节目、移动广告上出现一些用户对产品的心得分享的内容。这种广告界的创新，带给消费者更多自主选择、平等交流的权利，逐渐使广告更加贴近大众的生活和需要。

社会化媒体最终还在于 relationship（关系），所以它是一条双行道。在这里，你不是为了销售，是为了与客户 communication（交流）和 relate（相处），如果社会化媒体营销将销售量作为最终目标，客户最终会发现你的阴谋，你最终也会被忽视掉。换句话说，你在社会化媒体上的信息必须是真实的而非捏造的。与用户就内容进行互动，分享有用的信息，提供一条龙的客户服务，以及折扣之类的激励活动或者完完全全的免费，不过这些都需要持之以恒地去做。如果你跟某个品牌的代言人有着良好且长久的关系，那么他自然会向全世界宣传这个品牌。

你的信息要 consistent（连续的）、authentic（真实的）、meaningful（有意思的），这样经过长时间，你的客户会保持忠诚度，企业品牌最终取得一个很好的口头传播效果，而这就是社会化媒体所能带来的切实利益。

企业与消费者之间，能够建立朋友般的关系吗？答案也许是可以。企业有时不需要与消费者建立紧密关系，他们只需要通过社会化媒体与消费者建立松散关系。建立这种松散关系就已经超越了之前功利性的商业关系，这对企业营销来说是一大进步。企业与消费者在建立这种松散关系之后，两者先天存在的那种对立将会得到很大缓解，而情感因素则有所加强，以往的单向传播，将有可能变成双向的、友好的对话。

那么，如果企业进一步想与某些重要的消费者建立紧密关系，是否存在可能呢？这种可能也是有的（见图2-2），但这时企业要注意以下两点。

（1）在社会化媒体中，要适当弱化企业的身份，而代之以某些员工的身份（即相对个人的身份）与这些重要消费者建立关系。也就是说，消费者比较愿意与企业的某些员工交朋友，但不一定愿意直接与企业官方打交道。

（2）如果非要以官方身份与他们建立紧密的关系，可以给予他们一定的激励。比如，荣誉称号、商品优先试用、某些奖励，或者干脆为此付费。但这样的话，也可能会形成另一种商业关系，并进而带来一些新的弊病，企业要三思而后行。

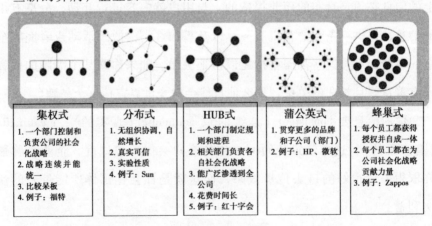

集权式
1. 一个部门控制和负责公司的社会化战略
2. 战略连续并能统一
3. 比较呆板
4. 例子：福特

分布式
1. 无组织协调，自然增长
2. 真实可信
3. 实验性质
4. 例子：Sun

HUB式
1. 一个部门制定规则和进程
2. 相关部门负责各自社会化战略
3. 能广泛渗透到全公司
4. 花费时间长
5. 例子：红十字会

蒲公英式
贯穿更多的品牌和子公司（部门）
2. 例子：HP、微软

蜂巢式
1. 每个员工都获得授权并自成一体
2. 每个员工都在为公司社会化战略贡献力量
3. 例子：Zappos

图2-2　企业社会化媒体战略的5种形式

资料来源：SocialBeta. cn.

社会化媒体上的对话是一种双向对话。与传统营销不同，社会化媒体营销人员需要听取社区群众的声音并与他们对话，这可能是社会化媒体营销活动的最大壁垒。但是请注意，今天你搜索自己的产品或品牌名称了吗？人们正在说些什么？你没感到回答问题的紧迫吗？

惯有思维行不通

在社会化媒体的应用上，大多数企业仍然在用既往的思维、原有的组织架构，甚至是不变的企业文化给予应对，还来不及对诸如社会化媒体的本质、企业可能面临哪些挑战有清晰的认知。结果就造成了看似简单、其实困难，预想与结果存在差异，无法获得利益相关者认同，同时面临来自内部的巨大压力等不良后果。

这是件有趣的事情——社会化网络工具鼓励和推动着自组织。用户生成型内容、公开与直接交流都是社会化网络革命的特征。它们的采用能使企业变得更为敏捷吗？

正确认识社会化媒体的本质依然是企业不可绕行的关键命题。而社会化媒体的使命也不仅仅是帮助企业建构关系，营造有助于其生存、发展的和谐生态环境，更重要的在于促使企业实现向新型组织的转变。

我们相信会有更多的企业对成为社会化企业从观望进入实际操作阶段，还有更多的企业开始从单向发布和追求粉丝阶段迈进到更务实的战略思考阶段，还有一些企业会将目光从外部转移到企业内部，重新审视自己的企业文化、流程和技术与社会化企业的匹配问题。

社会化媒体是一个重要的公关、营销手段或公关、营销策略，对企业的品牌传播会产生重要影响，各界对此已达成共识。但社会化媒体的本质如何认识，即使众多实践者也仍不清晰。事实上，我们已看到企业将社会化媒体仅仅当作新的营销手段和公关方式带来的困惑与灾难。由于缺乏对社会化媒体本质的准确认知，企业既不能将其与战略有效对接，也无法为其设定具体的目标，同时更不能按照社会化媒体的客观规律行事，不仅容易导致出现危机，同时也会形成对社会化媒体的误解。

社会化媒体引发的不是一个单纯的网络应用，应该是一个新的生态系统的形成。旨在帮助企业在与利益相关者的沟通中寻找新的模式和方法，建立新的沟通管理体系，实现最高效的沟通。企业应该为更大规模的改变做好准备。许多高管认为，随着社交工具和技术的约束被消除，重大变化将会发生，而能够自身创造变革的企业将获益最大。

很多企业不明白为什么要做社会化媒体营销，更谈不上真心在做。当初做社会化媒体营销可能是因为看到别的企业在做，或者是老板为了追时髦。也有很多企业，根本就不相信社会化媒体营销真的可以带来奇迹，它们也许已经在做社会化媒体营销，但因为不相信，所以不可能很认真地去做，而是当作任务去完成。至于设定目标就根本不可能了，或者即使设定了也很模糊。为了提高品牌影响力？提高产品销售？提升客户服务满意度？增加粉丝？还是为了发挥员工的创新能力？确实是个谜。

IBM 曾做的一项调查显示：有80%的企业博客发布的博文不到5篇；有的品牌在 Twitter 上几乎每天都要发20条、30条，甚至40条消息（当然，也许有的品牌的确每天都有那么多的新闻或信息需要发布，但仅仅只是少数）。这种看似随性的表现，其根源在于缺乏计划性或者说没有所谓策略的指导。很多企业完全没有制定一整套的社会化媒体策略，更没有和其他的营销方式有机结合起来，许多企业在社会化媒体应用时最常犯的一个错误就是：没有明确的目标或战略，完全停留在战术层面。即使存在战略也必须知晓是否是在企业整体战略的指导之下，否则仍不能指望有好的结果。在未来社会化媒体营销中，必须将之提升到企业的战略高度，这也将意味着未来的竞争格局。

同时，随着社会化媒体越来越多地进入到企业对内、对外的传播渠道中，也需要公共关系进入到战略管理层面，形成战略管理思维，成为参与战略制定、而不仅仅是战略执行的工作角色（见表2-1）。

表2-1　社会化媒体企业级应用四阶段：爬、走、跑、飞

阶段	关键点	对内	对外	状态
爬	人、环节、程序	(1) 确定负责社会化商务的部门 (2) 确定治理模式 (3) 内部网络搭建 (4) 选定倾听工具和业务 (5) KPI/测量框架构建 (6) 制定规章制度 (7) 组建 CoE（center of excellence，可以理解为核心业务小组，从各个部门抽调骨干组建某个专门项目的小组）	(1) 公共形象调整政策 (2) 社区协调配合 (3) 内容规划 (4) 控制社会化付费媒体	在初期阶段，不能仅仅是将社会化媒体用作营销或者其他用途。组织必须认识到自己的问题所在，这样起步才能不出问题。"爬"的过程中，主要做的是把合适的资源安置到位，比如，以谁或者哪个部门为中心，在什么地方展开倾听
走	管理社会化资产	(1) 建造社会化企业构架 (2) 互动规则的采纳 (3) 确定初期的业务培训 (4) 利用监控/分析来调整政策、业务和内容 (5) 激活社区管理规划	(1) 优化社会化资产 (2) 声音和语调的确定 (3) 选定意见领袖 (4) 开展初期试验 (5) 在多个社会化资产上发布内容	随着基本资源的到位，企业必须开始管理这些已有的或者需要的社会化资产，及时调整战略，保证所有资产都朝着正确的方向发展。在这个阶段，内容等资产是尤为重要的。同时在这个阶段中，企业需要把互动扩展到多个业务组织，比如员工、客服以及对外营销等

（续）

阶段	关键点	对内	对外	状态
跑	生态系统互动	（1）合作伙伴的协调和联系 （2）社会化客户关系管理工具和内部员工管理的规范化 （3）设立地区负责机构 （4）在全机构开展培训	（1）与意见领袖达成合作 （2）加强与平台提供商的合作 （3）规模化互动 （4）社会化媒体、主流媒体以及传统媒体的数字化资产等之间的协调 （5）测量和KPI规范化，在全机构推行标准	这个阶段中，企业的外部和内部设计都已经完成，并且在全球范围内一定效率地运行多个社会化方案。最重要的是，多个生态系统彼此互联，例如社交网络的管理业务和工具都已经规范化
飞	社会化革新以及组织性整合	（1）系统整合 （2）员工、合作伙伴和客户彼此互联 （3）企业文化更加具有容纳性 （4）人、业务以及平台十分成熟	（1）大使项目在全球范围运行 （2）员工之间系统性的互动 （3）对外的系统整合 （4）所有业务功能都添加了社会化层面 （5）产品和服务革新	在这个阶段，企业不仅仅在所有业务中加入"社会化"，而且还利用社会化情报来改善业务，创造新产品和服务，甚至是通过数据挖掘来预测未来的影响和后果。企业将社会化思维运用到所有事情中，重新构架业务功能。例如，在社会化媒体上的客服工作与呼叫中心等传统渠道达到相似的效率

资料来源：假装在北京. 爬走跑飞——企业利用社会化媒体的4个阶段［EB/OL］. 2011-12-13. http：//bbs. paidai. com/topic/72230.

还有"受众"这个概念吗

社会化媒体给企业带来了很多机会，同时也带来了诸多挑战。

对于企业而言，最为困惑的问题就是如何建立企业统一的沟通平台，整合公司内外部社会化媒体沟通的内容、渠道和方式。或许，企业实际上对社会化媒体的认识已经不应再采取"内外有别"的老一套思路和做法。

企业在对外沟通中，传统的角色主要包括两种：把关人和发布者。在传统媒体环境下，作为企业，特别是知名企业，在消费者面前是极具强势的，这种强势的一个重要表现就是可以左右媒体，进而控制信息对外界的传输。表面看，把关人是替消费者去断定什么是他们应该知晓的，什么不是，实质上这在某种程度剥夺了消费者应有的知情权。作为发布者，则更多地体现为信息的单向传递，在这一过程中，消费者只是收收，而不能反馈。虽是在不断完善之中，很多企业也尽量投公众所好，但结果仍容易导致对消费者反应的忽视，进而影响到企业对消费者信息的有效获知。

在新的媒体环境下，企业作为沟通桥梁的作用日益彰显，在打通内外部沟通界限的过程中越来越为重要。在这一基础上，企业的角色应转变为合作伙伴和分享者。社会化媒体最终还在于建构关系，在这里，不是为了销售，而是为了与客户交流和相处，与用户就内容进行互动，分享有用的信息，提供一条龙的客户服务。社会化媒体是通过社区沟通这种直接的、较为亲和的形式，试图重新建立与消费者间的信任关系。它使企业能通过社区逐步融入到消费人群中，此时企业站在了与消费者沟通的对面而不再是对立面，它改变了传统营销中消费者被动地接受营销轰炸的状况，使企业能与消费者建立一种双向、互动的沟通渠道，在某种程度上可以淡化传统营销中企业与消费者间那种较明显的、功利性的商业关系，让企业与消费者重新建立一种较为朴素的人际关系。它使企业放下身段，近距离去倾听消费者的心声，能直接了解什么是消费者不喜欢的、反感的，而什么是消费者愿意接受的。社会化媒体颠覆了传统营销那种向消费者强行灌输的洗脑方式，它使营销的过程变成了企业与消费者进行善意地沟通与商量，大大降低了消费者的敌意。

有了这样良好的基础，企业可以作为引导者努力和各利益相关者一道建设共同愿景，并成为实现组织智慧向社会智慧转变的传播者。

别把"战术"当"战略"

很多企业是在看了几篇博文后开始进行社会化媒体营销尝试的，完全没有制定一整套的社会化媒体策略，而停留在战术层面。社会化媒体营销是一个系统的过程，并不是发一两条微博、写两篇文章就能搞定的事情。对于企业来说，在做社会化媒体营销之前，需要制定社会化媒体总战略，即使是刚开始尝试的时候，至少也应该按照目标、战略、战术和评估这一结构性方法适当地进行尝试。[⊖]

很多时候，这个问题源于对未知事物的害怕，品牌或企业往往不具有开放性，通常在企业控制之下。因为旧的营销模式很简单，你只需把信息发给成千上万的人就可以了。而新的营销模式往往会脱离企业的控制，而是把用户放在重要位置。许多领导者在社会化网站和微博上也不活跃，他们对社会化媒体的内在运作尚缺乏足够的了解；再加上许多公司由于采取错误的方法而导致在社会化媒体上的用户印象消极，因此许多管理层对社会化媒体的营销效率也就不免缺乏信任了。

对此，要解决的问题就是如何让管理层相信实施社会化媒体营销是正确的，向他们展示如何使社会化媒体成为业务战略的一个至关重要的部分。社会化媒体营销的悲剧在于效果不会马上显现，而且没有一套可以显现清晰效果的监测方案。

如果企业仍然认为与外界的公众沟通只是公关部门的事，那么有

⊖　8大导致社会化媒体营销收效甚微的原因［EB/OL］. 2011-02-12. http：//www. techweb. com. cn/business/2011-02-21/782565. shtml.

一个现实是不能忽视的：现在，企业内部相关群体在对复杂沟通技巧的需要方面与外部相关群体已经没有什么区别了。因此，为了确保传递给员工的信息与那些传递给外部群体的信息紧密相关，员工沟通必须和整个企业的沟通战略紧密结合。

如凯奇门公司的高级合伙人和公共关系主席大卫 R. 德罗毕士所言，"最令人兴奋的事情就是企业沟通负责人被提升到更有战略意义的位置，以便为沟通的各个阶段——内部的和外部的——以及它怎样影响公司的生意提供指导。这就超越了传统上分配给沟通部门的处理媒体关系的角色。"○

比如，在传统意义上，财务沟通是由金融或财务部门负责的，但现在，企业关注的焦点已经由数字问题转移到这些数字实际上是以什么方式传递给不同的相关群体的。由于这个原因，尽管财务沟通部门"在绝大多数公司内是向首席财务官报告的……但在今天，这个部门与企业沟通事务——特别是在股民公关和媒体关系方面——的联系比 10 年前更紧密。"○

未来的组织和组织的未来

2010 年 9 月 11 日，由中国信息经济学会、中国社科院信息化研究中心、阿里巴巴集团研究中心主办的"2010 新商业文明论坛"，在反复征求各界建议的基础上，正式发布了《新商业文明宣言》。

21 世纪的今天，新商业文明正在快速浮现。云计算和泛在网正在成为信息时代的商业基础设施；按需驱动的大规模定制，正在成为普

○○ ［美］保罗·阿根狄，等. 企业沟通的威力［M］. 李玲，译. 北京：中国财政经济出版社，2004.

遍化的现实；企业与社会的关系越来越契合，企业与消费者的关系更趋平衡；商业生态系统逐步成为主流形态；越来越多社会成员的工作、生活、消费与学习走向一体化；自发性、内生性、协调性正在成为网络世界治理的主要特征。

开放、透明、分享、责任是新商业文明的基本理念。新商业文明拥有开放的产权结构与互动关系，开放是新商业文明创新的灵魂；新商业文明追求透明的信息环境，透明是新商业文明出发的起点；新商业文明倡导共有的分享机制，分享是新商业文明形成与扩散的动力；新商业文明奉行对等的责任关系，责任是新商业文明不可分割的一部分。⊖

（1）新商业文明将带来生活形态的转变，居住、生活、工作、学习，从"割裂状态"越来越走向一体化。在家办公将成为潮流，在市中心污染地带买高价房将变为在青山绿水中工作。就业结构将发生巨变，越来越多的社会成员，其工作领域将与互联网商务活动相关，个体将在其中获得更多的商业自由度。

（2）信息技术为和谐发展提供了更多的可能性，人与人之间的合作秩序更加良性。工作与生活成为自由人的自由联合，形成基于开放、分享、诚信、负责任、兴趣的合作秩序，最终指向"选择的自由"与"自由的选择"。个体的能量被充分地激发出来，一个人面对全球市场，不再跟随大机器的节奏，将拥有更多自主性，获得更多全面发展的机会。找回、总结、坚守和升华创业初期的精神和做法，这可能是新商业文明的灵性所在。

（3）产业形态将发生根本变化。从规模经济转向范围经济，向多

⊖ 《新商业文明宣言》正式发布［EB/OL］. 腾讯新闻 . 2010-09-11. http：//news. qq. com/a/20100914/001195. html.

品种、小批量方向发展。采用多种产品和服务柔性生产方式，应用共享平台，更便宜、更加快速地生产，为其提供了实现的可行性。企业与企业之间从零和竞争发展为生态协作，从价值链发展为价值网络、商业生态系统。

（4）商业模式将会发生巨变。大规模定制乃至个性化定制的商业模式将大行其道，长尾、山寨、众包、混序、海星、集群、轻公司、宅经济、产销合一者、免费经济、维基经济等将轮番冲击现有商业模式。

（5）企业组织将走向开放、透明。金字塔状的社会结构将瓦解，利用无"组织"的组织力量，人们可以凭爱好、兴趣，快速聚散，展开分享、合作乃至集体行动。这将是一个组织的日常生活化的时代，也将是一个"无组织"的组织力量发挥更多作用的时代。组织将进一步地转变为蜂窝状（以兴趣和爱好实现区隔与分化、存在多个中心）的社会结构。人们不能简单追随工业文明中卓越企业的组织、管理和文化。新商业文明将鼓励人们大胆尝试新的组织架构和管理模式，鼓励更加开放、分享和信任的企业文化，进一步增强一线员工的参与感、积极性和责任感。

（6）小众狂欢的时代，媒体分众化。IPTV、楼宇电视、手机报等分众媒体不断涌现，博客、微博等"客"流媒体层出不穷。

（7）商业变革将引发一系列与信息时代相适应的制度变迁。"自治、平衡"将成为未来治理框架的重要原则；社区将成为人们自组织、自协调的重要场所；不仅改变世界，更要不断改进自己的基础设施、商业模式、组织、管理和文化；修身、齐家、治国、平天下，既是推动者，也要成为最优秀的实践者。⊖

⊖　新商业文明研究报告［J］. 中国信息界，2010（5）.

在未来的组织中，"员工"一词有些不妥，企业每一个人都是公平的，我们是平凡人做非凡事。没有所谓"员工"、"高管"的对立。

"公司"一词更有些不妥。因为目前公司的定义显得更窄，在工业时代大家所习惯的公司，都是多层次、相对比较严格的，人与人之间的互动可能更多的是下达指令的层级方式。而在未来的新商业文明条件下，组织的方式可能会越来越丰富多彩，越来越千变万化，我们现在所熟悉的这些公司管理方法，需要有实质的突破和修正。

【案　例】

诺基亚：当战略沟通遭遇"着火的平台"

社会化媒体是用于整个企业组织的传播与沟通，其应用需要内部与外部并重，而且需要核心价值观的支撑，需要一种开放的文化！

提起诺基亚，让人首先想到是其时下正在经历的巨大变革。

不久前，诺基亚的CEO史蒂芬·埃洛普直言不讳地指出，诺基亚正处在一个"着火的平台"上，而由此也引爆了诺基亚变革的导火索。

细心的读者会发现，史蒂芬·埃洛普的一席话是在一份内部备忘录中"被泄露"的，其后通过网络战略发布会、官方博客、与网友互动等一系列举措，让诺基亚的变革成为了举世关注的焦点，我们无法揣测这是否是有意为之的精心策划，但有一点可以肯定，诺基亚变革背后都有一个隐形的推手——社会化媒体。

事实上，在社会化媒体的探索和实践中，诺基亚唱的并不是独角戏。只是诺基亚中国主动地承担起探索中国社会化媒体"马前卒"的角色。作为新生事物，诺基亚在几乎没有可供参照的情况下，经历了一个虽不漫长但足够跌宕的过程，这其中有挫折，也有感悟。肯定地说，诺基亚公司为中国企业利用社会化媒体提供了一个范本，同时也为中国企业转型过程中如何利用社会化媒体找到了一条捷径。

应该说，诺基亚中国的社会化媒体实践并不是朝夕之功，而是一个不断"学"与"习"的过程。汶川地震，由于内部的管理流程及相应的外部沟通所表现出来的"传统媒体＋互联网"的公关方式，让诺基亚因"铁公鸡"而备受指责。通过这次吃的苦头，诺基亚意识到，"传统媒体＋互联网"的模式已经行不通了，于是把探索和研究社会化媒体作为公司长远的一项策略来抓。

可以说诺基亚的社会化媒体发展经历了四个阶段：① 2008 年，诺基亚社会化媒体的学习阶段。当时诺基亚总部大楼刚刚修建完成，于是便借着这个事件，诺基亚利用社会化媒体手段在社区中抛出了相关的话题，如这幢楼是如何地绿色、奇特等。虽然只是一个尝试，但效果非常好，几十万、几百万的公众参与互动，这给诺基亚研究社会化媒体提供了很大的动力。② 2009 年，诺基亚开始建设自己的渠道，包括企业博客，通过与公众的沟通使诺基亚的品牌美誉度有了很大的提升。③ 2010 年，诺基亚终于在社会化媒体中获得了回报：利用社会化媒体举行的 N8 发布会，这是一次成功的实践，取得了销量是 N97 10 倍的成绩。④ 2011 年 2 月，诺基亚又通过社会化媒体成功地发布了诺基亚未来的发展战略，并与微软进行合作，双方将依靠各自领域的优势共同构建一个新的"移动生态圈"，同时将达成广泛的战略合作。诺基亚手机最终确认采用 Windows Phone 系统，并将参与开发该平台系统。

作为社会化媒体企业级应用的实践者，诺基亚（中国）投资有限公司资讯总监高翔介绍说，从 2009 年开始，诺基亚开始建设自己的渠道，包括企业博客、微博的开通以及在开心网、人人网、优酷网上建立沟通社区，目前已经吸引了超过 150 万粉丝的加入。

与当前流行的说法不同，诺基亚认为，社会化媒体从一开始就不仅仅是营销、公关的手段，而是整个企业组织的传播与沟通。社会化媒体的应用需要内部与外部并重，而且需要核心价值观的支撑，需要一种开放的文化！

有一个不容忽略的事实是：无论诺基亚高层如何变动，战略如何转型，竞争如何激烈，他们始终都在坚持着社会化媒体的研究。因为通过对社会化媒体的探索，诺基亚的企业变革和转型思路变得越来越清晰，可以说是社会化媒体在推动着诺基亚的企业变革。而作为社会化媒体的践行者和坚守者，诺基亚受益颇多（见图 2-3）。

2008年，汶川大地震为诺基亚社会化媒体的应用打开了大门

2009年，诺基亚（中国）内部开始了社会化媒体的学习与实践活动

2010年，诺基亚（中国）展开了内部、外部全方位社会化媒体的实践

2011年，诺基亚（中国）与全球齐头并进，通过各种社会化媒体渠道与公众沟通

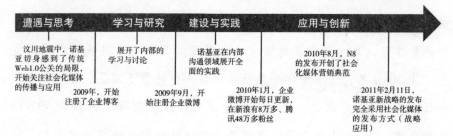

遭遇与思考　　学习与研究　　建设与实践　　应用与创新

汶川地震中，诺基亚切身感到了传统 Web1.0 公关的局限，开始关注社会化媒体的传播与应用

展开了内部的学习与讨论

2009年，开始注册了企业博客

2009年9月，开始注册企业微博

诺基亚在内部沟通领域展开全面的实践

2010年1月，企业微博开始每日更新，在新浪有8万多、腾讯48万多粉丝

2010年8月，N8 的发布开创了社会化媒体营销典范

2011年2月11日，诺基亚新战略的发布完全采用社会化媒体的发布方式（战略应用）

图 2-3　诺基亚（中国）在社会化媒体应用的成长经历

"传统公关 + 互联网"模式的遭遇

2008 年 5 月 12 日，中国汶川，一场大地震让全国人民刻骨铭心。几乎同时，一场同样裂度的"大地震"也在诺基亚内部发生了——在赈灾问题的处理上，一向以做"良好企业公民"为己任的诺基亚反而饱受责难，投入 5 000 多万元的地震赈灾救助反而因为沟通不及时被骂为"铁公鸡"。汶川地震捐赠"铁公鸡排行榜"榜单通过互联网、短信在短时间内迅速蔓延，给诺基亚的品牌形象蒙上了一层阴影。面对危机，诺基亚迅速启动了危机处理方案，然而按照以往非常见效的方式不但没有让诺基亚马上扭转不利局面，反而陷入了更加被动的境地。

5月13日下午13：00～14：00，最初关于"铁公鸡排行榜"的信息出现在QQ上，对于采取24小时监控的诺基亚来说，第一时间就捕捉到了这些有点"不合时宜"的声音。此时，负责对外发布的部门同事们却在赶写新闻稿！随着事态的发展，救助金额的不断变化，以及诺基亚出面人物的不断调整，稍纵即逝的向外界传达诺基亚善举的时机错过！而针对诺基亚的负面信息由5月13日的十几条，变成了5月14日的几十万条，到5月15日已经达到上百万条！公司经受着20年来最大的打击！公司外骂声一片，公司内员工伤心质疑。当危机由互联网扑面而来时，诺基亚仍以传统媒体的方式苦苦应对。

这让2001年即开始以"Jazz Coffee"的形式尝试社会化媒体、"企业社会责任"颇有心得的诺基亚十分震惊，也进行了深刻的反思。在互联网的环境下，如果头脑中仍然运行着传统思维，那碰壁肯定是迟早的事情。

诺基亚由此更为坚定地认识到，基于Web 1.0的门户网站的点状信息传播，和基于Web 2.0平台上建立的社会化媒体应用，是两种完全不同的运作思路与方式（很多人仍然把旧的传播规则套用到新的Web媒体上，结果必然是惨败）。"传统思维＋互联网手段"的思维和方式根本行不通！

学习和研究

2008年之后，诺基亚一直在社会化媒体企业应用领域积极寻找可供学习的案例或者来自专业人士的研究支撑，但结果多少有些令人失望。虽然国内企业既有加多宝集团依靠社会化媒体一夜成名的正面事例，也有万科老总博客不慎失言的反面教材，但似乎都缺乏可以深入挖掘的内涵。而在与专业的公关公司、咨询公司以及业内一线专家的沟通中，诺基亚也感到社会化媒体"被营销"、"被工具"的倾向过于强烈，这对仍兼具"社交属性"和"文化属性"等特性的社会化媒体而言未免片面。

更为困惑的是，很多社会化媒体服务公司对企业运营、管理、沟通缺乏"感觉"，其所擅长的仅仅限于传播，而不是管理的视角。

既然没有现成的方法可以直接复制，诺基亚决定开始自己尝试。有一点非常值得庆幸，诺基亚总部有很多经验可以直接拿来学习和分享。

此时，诺基亚面临由终端制造商向以解决方案为中心的互联网公司的转型，从技术主导转变为真正的以消费者为主导，这一切要求诺基亚必须真正意义上适应互联网带来的一切变化，同时让利益相关者知晓、理解这种转型，并与之和谐相处。无疑，建构这一社区，营造沟通的平台非社会化媒体莫属（见图2-4）。

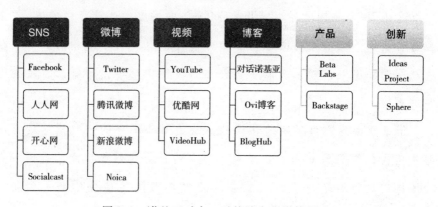

图 2-4　诺基亚对内、对外社会化媒体渠道

资料来源：NOKIA Company.

这其中有两点认识，诺基亚是十分清晰的：一切企业行为都必须始终与其战略保持高度一致；社会化媒体绝不仅仅是一种营销工具，它给企业带来的变化一定是革命性的。

此后，诺基亚在社会化媒体应用上逐步加快了脚步。

2008年，诺基亚绿色大楼落成，公司开始尝试着以社会化媒体给予传播。

在诺基亚的推动下，史上首个平民互联网百万富翁诞生，华语圈首部多线互动式手机小说《我读过你的邮件》正式发布，"全互动网络演唱会”的举办引发网民热捧……

建设与实践

伴随着新战略目标的确定，诺基亚对企业的核心价值观做出了调整，确立了更符合互联网精神的企业文化。这其中的关键在于，企业在整个内部沟通和外部沟通的过程中确立互联网思维尤为重要——以利益相关者沟通社区建设为主导，逐步打破传统的组织内传播和组织外传播的界限。但前提是企业内部是否也存在一个能与外界无缝链接的运行机制。

经过几年的建设，通过不断变革与创新，诺基亚社区成为员工了解公司动态、发布部门及个人信息、表达观点主张的重要平台，成为员工间互动交流的重要工具，为企业战略、组织、文化的平衡发展发挥了重要作用。而新诺基亚社区的网络平台无疑更加重要，运用新的sharepoint 平台起到了核心作用。如把办公协作平台 sharepoint 和网站平台整合在一起，同时利用 sharepoint 平台的整合功能，把视频、音频、短信、博客、WiKi、BBS 等整合在一起，不仅充分发挥了引导舆论、互动沟通的作用，并且帮助员工认识和了解社会化媒体的使用价值。对于社会化媒体的运用，诺基亚鼓励每个管理者、员工通过自身的渠道与外界沟通，传达一个真实的诺基亚形象。但这种鼓励又不是放任的，为此，公司还制定了相应的规则，同时还有针对性地给予培训。通过这些做法，帮助组织变革，加强跨部门的沟通与协作，使之高效运行，让每一位员工在自己的岗位上成为企业战略转型的重要促成者和积极参与者。

应用与创新

2010 年开始，诺基亚中国开展了内外部全方位的社会化媒体应用。2011 年 1 月开始，实现每天更新微博。目前，诺基亚（中国）已在新浪微博拥有 13 万粉丝，腾讯粉丝也超过 55 万，这是积累性的结果，也是持续性沟通才能实现的效果。

2010 年 8 月 25 日上午，诺基亚采用全新微博直播的方式对其首款搭载 Symbian 3 系统的手机——诺基亚 N8 实现了线上的新闻发布，成为 2010 年最为瞩目的社会化媒体事件。当天 10：30，诺基亚联合新浪微博、人人网、开心网和优酷网的全社交网络发布会开幕。直播会当天，新浪微博首页推出诺基亚 N8 手机"微博发布会"，7 小时内即收到微博评论、转发 89 034 条，诺基亚新浪微博首页关心人数达到 49 277 人次，社会化媒体影响人数超过 5 000 余万人次，N8 发布会后第一天销售额为当初 N97 销售额的 10 倍，被业内称作品牌营销的又一成功案例。

2011 年 2 月 9 日，一则诺基亚全球 CEO 在内部系统与员工分享自己观点的邮件戏剧般地泄露，拉开了这个仍在转型之路上挣扎的巨人 10 年来最重要事件的序幕。

在这篇将现在的诺基亚比喻成"着火的平台"的邮件中，公司的 CEO 史蒂芬·埃洛普表达了对诺基亚未来的担忧以及对变革企业的巨大决心，同时巧妙地释放了时间的玄机为战略发布做舆论准备。正当外界纷纷将目光转向诺基亚，希望了解即将到来的 2 月 11 日公司将有怎样新的战略举措时，在公司的内部，资讯部的同事已经在分析相关关注度后向舆论领袖们发出了邀请，同时传统媒体也得到邀约，出席 11 日当天下午召开的新闻发布会。

当天下午 16：00，诺基亚 CEO 史蒂芬·埃洛普在伦敦通过内部网络向全球 3 万员工进行了视频直播，告知具体的战略方向和举措，因为诺基亚非常尊重员工的反馈与沟通，同时也深知如此重大的事件如果让他们从外界获知是无法忍受的事情。当晚 18：00，诺基亚新闻发布会准时举行，社会化媒体同时介入，一场立体的沟通行动粉墨登场。

考虑到博客的影响力，当天在同一时间发布了 4 篇博文，以社会化媒体的语境分别阐述了诺基亚的新战略，同时分享了发布会现场的录像、图片。而且最精彩的互动环节——300 个以网友名义向 CEO 的提问将活动推向了高潮，一小时内博客访问量达到原有的 10 倍，一时造成了网路堵塞。而且虽是战略发布，实际上成了利益相关者有关战略的大讨论。诺基亚的博客空间真正成了诺基亚粉丝宣泄观点的一个场所，有些观点不仅措辞激烈，而且反对、难以接受转型的言论也不绝于耳，但都全部予以照登！

同时，在诺基亚官方博客之外，作为第三方的博客引发了舆论领袖的观点释放，但同时他们也大量引用了诺基亚官方博客的观点与数据。基于以往的基础，诺基亚已把相关内容第一时间与他们分享，而且分享的不仅仅是信息，还有观点和分析，因此他们也表现出了"偏正面"的倾向。而微博的迅速介入又引起新一轮的释放与讨论，来自新浪微博、腾讯微博、开心网、人人网等将近 100 万粉丝的加入将当天的社会化媒体变成了诺基亚战略发布的专场，同时也涵盖了诺基亚对社会化媒体企业应用的全过程！

在社会化媒体实践中，诺基亚惊奇地发现，自己已经由单纯的传播者、发布者，变成了协调者、提问者、组织者、沟通者，而"NOKIA"也不再是一个冷冰冰的标识，而是一个活生生的人。

诺基亚社会化媒体的案例说明，企业在应用社会化媒体时，一定要坦诚。诺基亚公司的文化理念是公开和坦诚。因为员工来自不同的文化背景，有不同的工作方式及沟通方式，因此在诺基亚工作的每一个人都会遇到文化上的挑战，而努力缩小文化差距也是诺基亚重要的组织基因。在有些公司还在禁止员工使用竞争对手的产品时，诺基亚已经允许员工使用各种各样的手机，即使是竞争对手的。而每天资讯部的同事要做的一件事，就是要把对外公布的博客反馈发布给员工，这没有开放文化的支持是无法想象的。

　　面对社会化媒体，很多企业兴奋之余，其实也会遭遇两难的境地。比如微博，关注量不足，更新不迅速，很容易被冷落。但如果关注量很大，更新又非常迅速，海量的信息如何处理？背后又需要哪些部门的参与？人员如何调动？很有可能在原有的组织框架下捉襟见肘，也许还会导致内部矛盾重重，架构之不足就会暴露无遗。所以对于这种反作用，企业能否驾驭社会化媒体所带来的变化也是需要慎重思考的。如今，面对社会化媒体所带来的突发性事件的处理，诺基亚可以授权管理者通过个人的判断力决断，甚至推进事件的解决，较之以往必然责任大、风险大。而且诺基亚正在尝试将原有的公关和市场部门合并，都是对企业综合素养的挑战，这不是任何一个企业可以轻易承担的。

社会化媒体需要"内外兼修"

　　□ 诺基亚（中国）投资有限公司资讯总监　高翔

　　诺基亚的社会化媒体实践在中国已将近有五年的时间，我认为，从社会化媒体到社会化企业，是每个企业都需要经历的过程，这也是诺基亚在几年的社会化媒体实践中慢慢思考和总结出来的。社会化企业在商业、技术和社会之间有了整合性的渗透和链接。放眼整个世界，不管是人与人之间的沟通，还是企业的业务运营，都已经在互联网上进行交互，旧的组织规则、商业规则和传播规则已经不再有效。

　　说到社会化企业，它远远超过了社会化媒体的范畴，但是社会化媒体是社会化企业中的核心一环，没有社会化媒体、渠道和内容，社会化企业不能称之为企业，而社会化营销包含在社会化企业之中，销售营销追求的是对产品的推广和销售，追求的是商业的利润，这是企业运营的核心。

　　诺基亚应该称得上是全球最佳社会化媒体品牌之一，在 2011 年 3 月被 Headstream 评为"全球百强社会化媒体品牌"，位列第 17 名。在中国，诺基亚在腾讯微博、新浪微博、开心网、人人网、优酷网已拥有150多万粉丝，是中国社会化媒体上最活跃的企业。诺基亚官方博客（包括英文版、中文版、西班牙文版和芬兰文版）是全球第四大企业博客。诺基亚还特别注重内部社会化媒体沟通平台的运用，通过内部员工博客、视频分享和社交网站等社会化媒体渠道，增加了企业内部的互动沟通，在企业转型时期帮助员工认识和了解企业的战略和发展。

有一点特别希望同大家分享，随着微博的快速发展，很多人都认为企业博客已经落伍了，但对诺基亚来讲，博客仍然是核心。其核心不在于它的影响力，不在于它的粉丝数，而在于它内容的集成，然后通过微博可以把这些内容传播出去，所有社会化媒体通道都需要博客这样的平台，把深度的东西释放出来。

诺基亚始终认为，社会化媒体对于企业来说是双刃剑，所以对社会化媒体的从业人员一定要有行为规范。但反过来，社会化媒体是开放、新鲜的事物，你的行为规范永远不可能像传统方式那样进行公关或营销。对诺基亚而言，这个行为规范总结起来共有24个字：有备无患、坦诚透明、明智行事、谦恭有礼、实事求是、表现专业（见表2-2）。这是诺基亚简单的行为规范，但这已经涵盖了诺基亚几年来对社会化媒体的总结。

表2-2　诺基亚社会化媒体行为规范

有备无患（Be prepared）	了解并遵守诺基亚的准则
坦诚透明（Be transparent）	表明您与诺基亚的关系
明智行事（Be smart）	• 保守机密，不泄露专有信息，有所为有所不为 • 引用指定渠道和资源处理媒体请求和消费者投诉 • 避免出现争议性或煽动性言论
谦恭有礼（Be nice）	• 避免发表针对诺基亚政策、人员、产品或者针对竞争对手的具有攻击性的言论 • 宽容和尊重读者/追随者，分享链接并对创建链接的人表示感谢

（续）

实事求是（Be yourself）	• 只撰写您知道的并且是专业领域的内容 • 张贴之前询问同事的意见或寻求帮助 • 表明身份，以第一人称从个人观点出发撰写文章
表现专业（Be professional）	• 牢记版权问题 • 及时维护页面，确保链接有效 • 中心明确，逻辑分明，条理清楚，简明扼要且完整

与当前流行的说法不同，我们认为，社会化媒体不仅仅是一种营销和公关的手段，而是一种商业模式，是社会化企业的核心；社会化媒体的应用与企业的战略和文化紧密相关；社会化媒体的应用需要内部与外部并重，而且需要核心价值观的支撑，需要一种开放的文化；社会化媒体的应用价值与企业的社会化进程密切相关。

【相关阅读】

博客、网络站点和其他社会化网络为企业提供了具有巨大潜力的产品和服务营销渠道。但如何充分利用它们呢？通过阅读本书，你可以理解社会网络技术是如何发挥功效的，还可以

《正在爆发的营销革命——社会化网络营销指南》
　作者：（美）温伯格著，赵俐等译
　出版社：机械工业出版社

学到一些最有效和实用的方法，帮助你将营销的触角延伸到经常访问这些站点的人们。

本书作者是社会化媒体和病毒式营销领域的专家，作者避开了花哨的描写和行话，为读者提供了明智的建议以及在社会化网络上进行业务定位的策略，同时提供了案例分析，介绍了其他公司是如何使用这种方法的。

点 评

别期待"快速致富"

□ 智囊传媒 CEO　刘耀宗

今天，越来越多的企业已经或者正在跃跃欲试地考虑如何利用社会化网络进行营销活动。但在出发前，你是否意识到你将面对的是一种什么样的体验？《正在爆发的营销革命——社会化网络营销指南》将会带你领略一把在社会化媒体中冲浪的感觉。

"在互联网的发展历程中，前 10 年基本都用在将计算机接入互联网上了，而后 10 年则完全用在人与人之间的关系上。现在全球有 10 亿人上网，而且超过 30 亿人可以通过手机发送文字消息。想象一下我们每天在相互浏览 Facebook 过程中浪费了多少时间吧！更重要的是互联网时代已经改变了人们的生活和休闲方式，这直接向传统营销发起了挑战。正如 20 世纪 90 年代有线电视的爆炸式发展以及接踵而来的大众市场媒体和广告的分化一样，21 世纪，包括搜索引擎、社会化网络、数以百万计的博客和长尾站点、用户生成内容的站点、新闻源、应用程序、Widget 工具、RSS、电子邮件、SMS、IM、聊天、微博、书签等。在 Web 2.0 世界中找到有效拓展客户的方式成为一项长期任务，需要掌握各种在线营销技巧并充分利用大量的通信渠道。

如果我们给社会化媒体下个定义的话，就是一般指那些带给用户极大参与空间的新型在线媒体，它具有参与、公开、交流、对话、社区化及连通性等特性。社会化媒体在网络世界中变得越来越重要，在所有面向社区的站点中，信息、经验和观点的共享都与社会化媒体密切相关。借助于社会化媒体，地理屏障正在瓦解，新的在线社区正在形成和发展。它们中的一些例子包括博客、论坛、消息板、图片和视频共享站点、用户生成站点、维基和播客，这些工具都有助于促进用户交流，并在全世界范围内将志趣相投的人们联系起来。

所谓社会化媒体营销就是这样一个过程：使人们能够通过在线社会化渠道来促销他们的网站、产品或服务，并且使人们能够与更大的社区交流并融入其中，这个社区可能是通过传统的广告渠道无法接触的。最重要的是，社会化媒体强调集体而不是个人。互联网上的社区有着不同的存在形式和规模，人们在自己的社区内发表言论。社会化媒体营销者的工作就是正确利用这些社区，以便与社区参与者沟通相关的产品和服务，还包括听取社区意见，作为公司的代表与社区建立联系等。然而这并不是一件简单的工作，你需要考虑如何优化一个站点，使其网站的内容能够吸引更多的链接，从而赢得人们的信任和认可。社会化媒体的优化还有助于建立品牌知名度，提高产品或服务的可见度。

如何才能建立起真正有效的社会化网络营销呢？温伯格在书中给出了一个系统的答案。需要强调的是，在建立社会化媒体营销的过程中，培养社会化媒体的思维方式尤为重要。

第一，要学会认识你所面对的互联网。今天，互联网已经把全世界数以亿计的计算机联系在一起，在为人们提供了海量信息的同时，也把千万个家庭或个人联系在一起，并且与人们的社会行为越来越息息相关，它正在演变为一个社会网络。也就是说，互联网已经不再是一种简单的技术工具，而是具有了更多人类的行为属性。它不但为人们的沟通交流提供了方便，同时也在影响和改变着人们的行为习惯。所以，仅仅从一种新工具的角度去使用互联网帮助人们提升传统商业模式效率的思维方式已经过时，如何利用其特性创造新的商业模式才是未来发展的动力。

第二，要放弃自私的目的去进行社区交流。社会化网络的核心就是分享，它的重点在于让人们知道你正在提供对他们有价值的内容。

如果你的目的在本质上是自私的，社区就不会做出响应。

第三，必须愿意放弃对消息的控制权。在社会化媒体上，每个人都可以是内容的创作者，成千上万的站点允许个人发布信息，而且只需要花费很少的力气。不管你是否愿意，人们正在利用这些站点谈论你，你必须承认再也无法轻易控制他们的消息。营销者应该学会倾听（而不是忽略）这些消息，因为他们可使营销者更深入地了解产品表现和实际营销效果，而且公司可以发现改进的建议。

第四，必须愿意投入充分的时间和精力去实现目标。数字空间中的真理是并非每个人都能实现目标，而且也不可能一夜实现目标。为了实现目标，必须要投入资源，这通常是指人力。还要注意的重要一点是，最初可能需要投入大量时间。你必须研究社区，学习正确的规则，并了解如何在社区中回答问题才能让社区接受你的内容。随着时间的推移，当你得到认可后，时间的投入可能减少，但你必须要跟上社区发展的脚步，以便始终站在前沿。建立和保持信任需要不断地投入时间，因为你需要加强社区参与，并让社区成员知道你是一个长期的参与者。

在此基础上，学习掌握温伯格在书中详细介绍的各种社会化网络营销技巧，之后你就可以大胆地在社会化媒体中冲浪了。总之，社会化媒体营销就是要建立真正的、诚实的关系，要乐于奉献，这样其他人才会给你带来回报，因为他们尊重你的付出。把他人放在第一位，告诉他们你很感激他们阅读你的信息。此外，请记住，社会化媒体不是一个"快速致富"的计划，像其他营销渠道一样，需要付出时间和努力来获取最好的结果。成功来自于不断地努力和奉献。

营　销

要的是沟通，而不是销售

　　营销是社会化媒体在企业级应用上最多的诉求，但此营销非彼营销，它是实现组织内外部有效交流的新型沟通方式。

　　2010年2月25日，光大银行在新浪成为首家开设微博的银行。工、农、中、建四大国有商业银行，招商、兴业、浦发、中信、华夏等股份制商业银行，还有包商、哈尔滨、青岛、齐鲁、宁波、上海农商行等地方城市商业银行也都随即开通了官方微博，并经过加"V"认证。从主要银行各级分支机构开通微博数量的对比可以发现，建设银行和招商银行对于微博营销的重视程度较高。国泰君安金融行业分析师伍永刚认为，对微博的重视程度反映了银行的管理水平和领导对市场的灵敏度。微博作为一种简单快捷、低成本的品牌宣传和营销方式，越来越受到银行业的重视和喜爱。⊖但仅仅把微博当作营销和品牌宣传的手段是否有些一厢情愿呢？面对一个标明是官方微博的账户，消费者可能更多的是希望来此解决问题。一个关于消费者和在微博中表现非常出色的某银行的故事发生了。

　　一位网名叫小敦儿的消费者给这家银行的官方微博发了几条微博。

　　"北京时间4月7日晚9点，在上地五街联想大厦内X行ATM机取款500元，其中三张为假钞，且连号……X行电话打不通，求官方

⊖　田文会，李玉敏. 众银行争夺微博营销 招行最火光大很潮［N］. 每日经济新闻，2011-03-23.

解释及解决办法。"

在官方微博没有给予必要的回复后，小敦儿又发了另一条微博：

"上地联想大厦内 X 行 ATM 机假钞事件进展：075595555 致电小敦儿，告知其 ATM 机经检查无任何问题，是我的问题。每个 X 行用户均应在柜台和 ATM 机取钞的第一时间验钞，一旦离开就与 X 行无关，后果自负。如有异议，可自行报警。"

无奈，小敦儿发了第三条微博，告诉大家怎样识别假币。

对此，某网友的批语是："只能说说成绩听听表扬，但是对于用户的声音从来是不屑于回复的，而且似乎也解决不了……花了这么多精力和费用仅仅做表面工作，实在是无趣。"

也许以上的案例只是一个孤证，不能抹杀微博这个平台的功劳。但是仅仅把它当做是又一个在线的宣传平台或营销平台，却忽视了其作为服务平台和沟通平台的功能，这一定不是这家银行的个别问题，其背后的关键在于对社会化媒体企业级应用本质的误解与模糊。

传统营销的失效

为什么社会化媒体企业级应用被很多企业一股脑地当作了又一把在互联网环境下可以攻城拔寨，进行营销、公关的利器？的确，营销、公关所带来的直接效益对很多更注重于短期效益的企业来说简直是太重要了，这也许是现实环境的压力所致吧。

传统的市场营销是第二次世界大战后经济高速发展的产物，从产生到发展，经历了一段辉煌的历程。但从目前看，传统营销已经陷入一种尴尬境地，这主要是营销过度造成的。为了争夺有限的市场，同时在短期目标的推动下，企业的营销活动已经发展到了无所不用其极的程度，甚至已经背离了服务消费者的初衷，几乎成了某些消费者的噩梦。比如，广告的无孔不入已经到了让人无处可逃的程度，即使是原来被忽视的公共卫生间，抬头便见，低头难逃；再比如，营销者利用心理学原理，通过强迫性地干扰人的潜意识来影响消费者购买行为（脑白金、恒源祥等广告，利用认知心理学中重复影响记忆的原理，轰炸人的心理认知过程）；还有那些让人防不胜防的、毫不顾忌社会负面效应的各种"植入广告"、"事件营销"等。

在错误的理念指导下，对于这种失效，企业被迫选择更为强烈的营销刺激手段，这又进一步加深了受众的反感与抵制程度，企业越来越陷入一种精疲力竭、无计可施的恶性循环状态。对企业来说，营销陷入了一种两难境地，不营销没客户，营销又怕客户反感，这就是当前企业面对的营销怪圈。基于以上原因，企业急需一种新的营销模式，来走出这个怪圈，以重新获得消费者的信任。

相对于营销失效，企业对营销过程的失控，是他们面临的另一个棘手问题。营销本身，本应该就是企业自己的事情，但随着营销的专业化程度不断增加，营销系统变得越来越复杂和庞大。很多企业对自身的营销活动，也越来越依靠外部的专业化力量来实现，这些外部力量包括：专业分销渠道、战略咨询公司、营销策划公司、市场调研公司、广告公司等，也有一些企业干脆把客户服务等直接与消费者打交道的部门直接外包给呼叫中心。企业在一定程度上，实际离消费者越来越远，因此就更难以获知消费者的真正需求，再加之专业机构无法全身心投入于企业之中，运用的手段也较难提供完全的定制化，因此最终的结果一定还是营销失效。

所以，面对所有可能给营销带来变化和效益的新生事物企业是一定不会放过的。社会化媒体被视为给企业提供了一次新的营销机会。社会化媒体营销，以其自身具备的先天优势，将在一定程度上缓解企业营销失效、营销失控的状况，做得好的话，甚至可以使企业改头换面，重新获得博弈的主动权。这是因为：面对营销失效的情况，社会化媒体营销是通过社区沟通这种直接的、较为亲和的形式，试图重新建立与消费者间的信任关系。

而在研究方面，从社会化媒体兴起之时，社会化媒体营销就一直是主要的研究热点，这与社会化媒体的企业实践重点，包括研究者更多来自服务一线有明显关联。比如戴维·埃文斯（Dave Evans）在他的著作 *Social Media Marketing：An Hour a Day* 中，描述了企业如何进行日常的社会化媒体营销活动和一些策略，具有一定实战指导意义；而保罗·吉林（Paul Gillin）的 *Secrets of Social Media Marketing*，是在社会化媒体营销中有较大影响力的一本书，该书从深层次来揭秘社会化媒体营销。社会化媒体营销的理论在中国走在比较前沿的是唐兴通，他著有"社会化媒体营销作战纲领"、"如何科学地评价社会化媒体营销效果"、"如何开展社会化媒体营销活动"等文章。如果以"社会化媒体"为关键词搜索作者，2011 年 7～8 月在当当网得到 31 个、卓越网有 27 个；比较热门的是以下三本：《新规则：用社会化媒体做营销和公关》（斯科特）、《社会化媒体营销大趋势——策略与方法》（唐兴通）、《颠覆：社会化媒体改变世界》（奎尔曼）。

不可否认，首先，社会化媒体是一个重要的公关和营销手段或公关和营销策略；其次，它对企业的品牌传播会产生重要影响，这一点得到了广泛的认同。但社会化媒体的本质仅仅止于此吗？事实上，我们已看到企业将社会化媒体仅仅当作新的营销手段和公关方式带来的困惑与灾难。因为传统营销的核心在于推销商品，而公关则善于进行单向的信息传播，这在社会化媒体环境下是极为不合时宜的。比如，英国石油（BP）公司曾非常低调地在 Twitter 上开了一个名为@BPGLOBALPR的账户，但它并未善加管理，反而是突然在账户上公开向一些小公司提出诉讼，控告其商标侵权行为。但今非昔比，对于控告、诉讼这类法律纠纷事件可以作为一个新闻那样公开宣传的时代已经一去不返。结果，关于商标被侵权这一消息很快传到不法分子那里，反而促使了更多非法盗用 BP 商标的广告标志公然出现在公众眼前。因此，BP 的公关部门也遭到了负面的评价。

比如新浪微博中一则被网友冠以"品牌微博沟通之失败案例"的帖子，讲的是消费者对某一化妆品品牌产品进行"不友好"点评后，该品牌却用情绪化且不专业的语气公然回复粉丝，事后又删除。在网友截图后的图片中可以看到如下"交锋"：

"批评一下 X 的磨砂产品，严重属于好看不好用类型。别看瓶身大，但定价不便宜；功能方面，去角质又太弱；润面又不干净，使用感受还不如几十块的国产杂牌。今晚用到一半果断扔进垃圾桶了。不推荐购买。PS：他家小黄瓜面膜效果不错，可做精油中介面膜用，但 400 多块一小瓶性价比不高。"

"TX（同学），你严重有偏见啊！我们的磨砂产品，特点就是温和，另外，我们家的青瓜啫喱面膜，足足 150g，什么是一小瓶啊？"

"品牌官方账号同学，请你先系统学习一下如何处理顾客评论的方法和语调再来讲话，你不是背后维护这个账号的人，你是替这个牌子来讲话，不论你是他家代理还是品牌自己的人，大老板官方绝对不会喜欢品牌发出的声音是你这个语气。"

最后，人家还把这个过程转发起来，并点评道：官方账号与粉丝的对话语调，是代表这个品牌的形象与性格，如果不管理和提升沟通技巧，会令该品牌在网络营销活动中形象不明，个性不清，甚至拉低档次。

为什么出现问题了？因为他的头脑还停留在传统媒体上，可他操作的是社会化媒体，"传统思维＋互联网工具"，就一定会是这个结果

（见图3-1）。所以这个你还不知所以然的工具，连说明书都没看清楚，就慌忙地挥舞起来，其结果可能就伤到了自己。

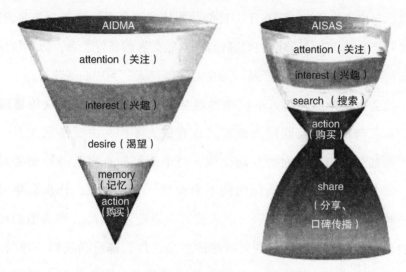

图 3-1　传统营销与网络营销的不同路径

终将是一场变革

　　任何新媒体的出现都不是对原有传播手段的简单修正，通常都是颠覆性地转变。麦克卢汉（Mcluhan）说"媒介即讯息"，梅罗维茨（Meyrowitz，1985）也认为，在现代社会，媒介的变化必然导致社会环境的变化，而社会环境的变化又必然导致人类行为的变化，其中尤其是电子传播媒介对社会变化所产生的巨大影响更令人瞩目，因为它能更有效地重新组织社会环境和削弱自然环境及物质"场所"间一贯密切的联系。○所以我们更愿意将社会化媒体称为一种改变社会的力量。这将导致我们对于社会化媒体的本质认识为：它不仅是一种营销或者

　○　约书亚·梅罗维茨. 消失的地域：电子媒介对社会行为的影响［M］. 肖志军，译. 北京：清华大学出版社，2002.

公关手段，而且也是一种商业模式，一种文化体现。

　　但是，即使是一种营销或者公关手段，仍需具有新的解读：作为营销手段，与传统的营销区别在于，社会化媒体应该更多地体现为关系营销，即将营销的核心定位于建立和发展与利益相关者的良好关系，而不仅仅是售卖产品，从而实现以"产品"为中心向以"人"为中心的转变。

　　社会化媒体的兴起，不仅彻底改变了原来过分依赖大众传播的局面，而且与传统的互联网交流方式也有很大不同，主要体现在直接变成了顺畅的人与人之间的互动交流，每个人都拥有自己的社交关系网络，这其实多少回归了人际间的本来面目。因为如此，公众会尽可能不依赖于权威的意见（广告、名人代言、专业评论等），因为他们可以从更值得信任的人身上得到更可信的意见，他们都是和我们一样的人。同时也不会过于信任产品与品牌广告里说的话，因为他们大可以去寻找那些真正使用过该产品的用户，去听听他们的意见。

　　社会化媒体的到来，使消费者的传统角色正在发生转变——他们不再是一个个孤立的个体，而是开始汇聚成一股股不可忽视的力量；在做出购买决策时，他们不再盲目地被商家引导，而是主动积极地搜集各种有关消息；他们不再被动地接受广告，而是主动向企业提出实用的反馈。而在菲利普·科特勒看来，更重要的是，社会化媒体的兴起本身就反映了消费者信任从企业向其他消费者的转移，他称为"水平化的信任体系"。⊖同时，社区化也是社会化媒体带来的重要结果，成员之间存在着深刻的一对一的影响关系，但社区的存在目的并不是为企业服务，而是为其成员服务。

　　而作为公关手段，应该体现为"双向传播"模式，而不是原有的以"新闻代理"、"公共信息"等为代表的"单向传播"导向。詹姆斯·格

　　⊖　菲利普·科特勒，等. 营销革命3.0［M］. 毕崇毅，译. 北京：机械工业出版社，2011.

　　鲁尼格提出了公共关系的四大模式，其中新闻代理模式、公共信息模式和双向非对等模式都是不对等的公共关系模式，因为它们试图改变公众而非组织的行为。在新闻代理模式下，公共关系力图通过任何可能的方式在大众媒体上对组织展开宣传报道；在公共信息模式下，公共关系运用"驻地记者"（journalists in residence）的方式，向公众传递客观的但仅是正面的有关组织的信息。在双向非对等模式下，公共关系在调查研究的基础上，形成并传递最有可能说服公众产生预期行为的讯息。⊖

　　相反，在对等的公共关系模式下，组织会通过调查研究和平等对话，管理与公众之间的冲突，促进彼此间的理解，建立互相依赖的关系。在这种情况下，组织和公众双方都在一定程度上被劝服，双方也都可能改变自己的、不利于对方利益的行为。所以，此时的公共关系行为应该体现为：你说我说，你听我听，你让步我也让步的双向行为。

　　著名管理学大师彼得·德鲁克说："当今企业之间的竞争，不是产品之间的竞争，而是商业模式之间的竞争。"在经济日益信息化和全球化的今天，商业模式的重要作用已经得到社会各界的高度重视。作为商业模式，引用摩根斯坦利的观点，互联网的商业模式呈现为三个层次：最底层是以产品为中心，其次是以平台为中心，最高层则是以社区为中心，而社会化媒体的存在正是以社区为表现形式的。知名的互联网鞋类经销商 Zappos 的托马斯·诺尔也表示，目前对于社会化媒体，过分地强调了其中的媒体属性，而应该更加关注它的社交性，因为社会化媒体的目的就是为了与客户联系和建立关系。⊖

　　文化是一个群体（包括国家、民族、企业、家庭等）在一定时期

⊖　詹姆斯·格鲁尼格，等. 卓越公共关系与传播管理［M］. 卫五名，等译. 北京：北京大学出版社，2008.

⊖　How Zappos makes social media a part of its company culture［EB/OL］. http://smartblogs. com/social-media/2011/01/10/how-zappos-makes-social-media-a-part-of-its-company-culture/.

内形成的思想、理念、行为、风俗、习惯、代表人物，及由这个群体整体意识所辐射出来的一切活动。对于一切社会组织而言，社会化媒体的真正冲击应该是来自于文化、理念和价值观。社会化媒体的天然属性促使任何一个出现在这个平台上的组织和个人，都必须表现出或遵循开放、透明、高度参与、共同分享的游戏规则，其所营造出的这种全新的社会文化，必然迫使那些仍不能与之接轨的企业面对文化的冲击与重塑。这既揭示了社会化媒体的本质，也是一切生存于社会化媒体环境中的企业所面临的挑战的根源所在。因此，企业在使用社会化媒体之前需要慎重思考，因为这将是一场前所未有的革命（见表 3-1）。

表 3-1　公关与营销"弃旧迎新"　⊖

旧规则	新规则
• 公司向外界传递消息的唯一途径就是通过媒体 • 公司通过新闻稿与记者交流 • 除了少数记者和编辑之外，没有人会看到实际的新闻稿 • 公司必须有了重大新闻才能写新闻稿 • 使用行话并没有什么问题，因为记者都理解 • 在发送新闻稿之前，确保其中有一些引自第三方（例如客户、分析师或专家）的内容 • 消费者要想了解新闻稿的内容，唯一的方式就是通过媒体的报道 • 公司评测新闻稿工作成果的唯一方式是整理一份"剪报"，把每一次媒体"赐予"的报道收集到一起 • 公关和营销是两种独立的活动，由不同的人员来完成，他们的目标、策略和评测标准各不相同	• 营销并不仅仅是做广告 • 公关远远不只是主流媒体 • 发布的内容展示了你的形象 • 人们需要真实，而不是欺骗 • 人们想要参与，而不是只被当作宣传对象 • 营销不再是用单向的信息来打断人们，而是在客户恰好需要的时候为他们提供内容 • 营销人员必须转变思想，从面向大众的主流营销转变为通过 Web 服务于那些数量众多、未得到良好服务的客户群 • 公关并不是让你的雇主在电视上看到对公司的报道，而是让你的客户在网络上看到你的公司 • 营销不是让你的公司获得广告奖，而是让你的公司赢得业务 • 时隔多年之后，互联网使公关再次面向公众，而不仅仅以媒体为中心 • 公司必须通过精彩的在线内容把人们吸引到公司的购买流程当中 • 博客、在线视频、电子书、新闻发布和其他形式的在线内容，使公司能够直接与消费者进行交流，消费者欣赏这种方式 • 在网络上，营销和公关之间的分界线已变得非常模糊

⊖　戴维·米尔曼·斯科特. 新规则——用社会化媒体做营销和公关［M］. 赵俐，等译. 北京：机械工业出版社，2011.

【案　例】

迪士尼：掘金移动终端

为了在社会化媒体中占据有利的地位，享誉世界的迪士尼乐园开展了新一轮的网络营销活动——"Let the Memories Begin"。

一说起迪士尼，往往人们想到更多的是它生产的动画片以及集娱乐于一体的迪士尼乐园。迪士尼也正是靠着长期以来致力于为客户提供最好的内容、最好的服务，才在客户获得由迪士尼提供服务的同时，也赢取了客户的口碑。当大家提到迪士尼授权的产品时，人们就马上会联想到：好看、好玩、好用、好卖。现在迪士尼已经成为一个家喻户晓的知名品牌，具有很高的知名度和美誉度，其品牌已经成为整个迪士尼公司的核心竞争壁垒。

这个世界唯一不变的就是变化。面对变化，迪士尼不是消极逃避，而是积极拥抱。当有声电影时代刚刚开始时，迪士尼就制作了世界上第一部有声卡通影片《汽船威利号》；随后，又推出了世界第一部彩色卡通影片《花与树》。随着互联网的繁荣，出现了越来越多的新媒体，迪士尼都在不断地积极尝试，不断地寻找新的机会。

虽然迪士尼不会像传统企业那样不停地推出新产品，但会及时对原有产品进行深度挖掘和二次创新，及时跟上新媒体的步伐。迪士尼互动媒体集团大中国区副总裁兼常务董事张祖欣认为，新媒体是非常重要的。因为一旦错失了新媒体时代的机会，也就可能丧失创造一流产品的能力，让企业品牌更加模糊。

尽管在 1999 年与 Infoseek 公司共同创办的门户网站 Go. com 在两年后受挫，但随着社会化媒体向 2.0 时代的迈进，迪士尼又看到了向新媒体进行靠拢所带来的无尽潜力。于是在 2010 年，迪士尼投入了 5.63 亿美元收购了社交游戏巨头之一的 Playdom 公司。与其说是迪士尼对于动漫游戏的一贯热衷，不如说是其对互联网全触角整合，全新转型的开始。

此前，迪士尼一直在互联网新媒体领域探索，尤其是网络游戏，应该说这一次的大举收购是经过了非常成熟的论证与思考。而 Playdom 公司创立至今仅仅 2 年多，就完成了一个由单纯的游戏开发小作坊向估值数亿美元的大公司升级，不得不令人感叹！

大众抒写心得与体验

为了在社会化媒体中占据有利的地位，2010 年 9 月 23 日，大家熟知的迪士尼乐园在包括迪士尼乐园官方网站、Facebook、Twitter 等平台上开展了新一轮的营销活动——"Let the Memories Begin"。这次活动的核心创意很简单，就是鼓励所有人用各种方式（文字、照片、视频）记录自己在迪士尼乐园中快乐的体验和心情，然后上传并分享。

游客可以有两种方式参与这个活动：

第一种，将自己以往在迪士尼乐园的照片、影像上传至迪士尼乐园官方网站中的"Let the Memories Begin"页面。

第二种，在游览迪士尼乐园时，由专门的摄影师将游客的影像记录并在征得游客的同意后上传至"Let the Memories Begin"页面。

还有很重要的一点就是，迪士尼不打算仅仅让这次营销活动的成果停留在互联网中，他们更计划让用户创造的内容主导今后自己的一切传播——在未来一段时间内的所有迪士尼主题公园相关广告（户外、平面、网络、TVC 等）中，都会以这个活动中收集到的游客上传的图片及视频资料为创作元素进行广告的制作发布。也就是说，每一个热爱迪士尼并且在迪士尼乐园拥有了美好回忆的人，都有可能成为迪士尼的广告代言人。

这听起来并不是一个很难完成的营销活动，除了提出这个创意之外，迪士尼投注了更大的精力在鼓励用户参与，扩大用户内容传播上。

迪士尼官方网站的"Let the Memories Begin"页面主要以内容承载和展示功能为主，除了对用户上传图片视频的投票功能和分享功能外，并无太多的社交功能。迪士尼清楚，最乐于分享和最能够创造内容的用户聚集在社交平台中，一些社交平台也因此作为活动的次核心平台，承担起了最重要的激发和互动任务。

通过 Facebook 与品牌链接

迪士尼在其 Facebook 的页面中单独开辟了一个"Memories"页面，这个页面从功能上来看实际就是迪士尼官方网站活动页面的翻版，主要是方便 Facebook 用户不用跳转即可通过这一页面直接参与活动。这个看似简单的功能实际上大大降低了用户丢失的可能性。

为了更好地刺激用户发言，迪士尼的 Facebook 页面成为了用户自我展示的平台，几乎很少发布来自官方的信息，只是把来自用户的内容不断地放大、放大、再放大——这其实是一种很偷懒、但却很有效的营销手段——社交媒体中，让用户体验到乐趣并找到他们喜爱的与品牌链接的方式才是最重要的。迪士尼转发用户在"Memories"页面上传的一条照片信息，得到了 1 000 余人的支持和 100 多次的评论。这种利用用户创造内容传递信息的方式，要比单纯的信息发布更具感染力。

Twitter 账号交互使用

迪士尼在 Twitter 平台拥有 Disney Pixar、Disney Pictures、Disney Parks、Walt Disney World、Disneyland 5 个不同的账号，账号之间各司其职，但又层层关联。Walt Disney World 账号主要以发布新闻和 RT Disney Parks 和 Disneyland 两个账号的 Tweets 为主，这个账号参与用户评论的次数相对很少。当 Disneyland 账号放出配合"Let the Memories Begin"#disneymemories 时，Disney Parks 和 Walt Disney World 两个账号都会进行相应的 RT（如题），但同样不会参与或转发用户的评论。这

时 Disneyland 会像客服一样积极参与在#disneymemories 话题组的讨论，并适时转发一些用户在话题组中贡献的内容。

由此我们看到，用户可以选择官网、Facebook、Youtube 上面的视频、图文上传或是 Twitter 上面的话题组来参与到 "Let the Memories Begin" 这个活动中。其实这些平台的加入不仅仅是为活动开辟了更多的入口，而且用户上传自己 Memories 的同时也可以分享评论他人的 Memories。因此，通过这样一个有人创造内容、有人评论内容、有人分享内容的活动，迪士尼既丰富了自己的内容源，又可以利用这些用户创造的内容再度激发更多的用户参与，从而形成一个激发大于内容又大于激发的良性循环。

一定会有人问，那移动终端呢？迪士尼不可能忘了这个吧……

当然不可能，迪士尼拥有一款自己的 APP 程序，叫作 "Mouse Wait"。苹果手机用户在 App Store 下载这个程序并安装后，在游览迪士尼乐园时，可以方便地用此程序查找身边的景点和服务设施，甚至是正在进行的路演活动等，并且可以准确地显示某个游乐项目排队等候所需的时间。程序中还提供了一个类似聊天室的功能，供游客排队等候某个游乐项目时与其他游客进行互动，当然用户也可以将图片文字分享到自己的 Facebook 或 Twitter 账号中。

迪士尼不会放掉任何一个可以让消费者"快乐体验"、"方便游玩"的机会，这款 App 简直就是所有正在迪士尼乐园游玩的人的移动终端社交场——又有谁不想加入进来呢？

从这个活动中，我们也不难看出，迪士尼在互联网营销模式的创新方面进行了一番长时间的探寻和研究。

【相关阅读】

社会化媒体营销和移动互联网的发展势头已经是锐不可当，而这两者最需要创意跟顾客、大众建立关系，创造利润。本书汇集了50多个最新、最具创意、最经典的国外社会化营销案例。这里没有太多的专业理论，没有很多详细的数据，更多的是能启发营销人员的案例；这里没有很多国内的案例，因为大家在别的地方可能都已经听过、看

《社会化营销：人人参与的营销力量》

作者：陈亮途

出版社：万卷出版公司

过；这里不会批判个别的社会化平台或者是网站，有的只是建议怎样可以利用这些现成的资源，把品牌的创意营销策略做好。

点评

社会化营销的"关系学"

□ 中央财经大学文化与传媒学院副院长　李志军

这本书写了些什么呢？在书中的第1、2章，作者先阐述了对社会化媒体的出现导致企业营销规则有所改变的看法，也着重说明了在社会化媒体上的创意营销对于增强企业竞争优势的重要性。第3～7章，分别介绍了社交网络、微博网站、视频分享网站、位置分享服务网站和自设社区网站的发展，成功失败的原因，一些未来的发展趋势，以及重要的成功案例分享。第8章特别介绍了整合营销的重要性，结尾是关于社会化营销会怎样改变媒体生态、营销生态、企业组织架构，以及更多新企业的涌现所带来的无限商机。综观全书，作者对于社会化媒体以及社会化营销的基本判断是非常准确的，而且一个比较大的亮点就是汇集了50多个最新、最具创意、最经典的国外社会化营销案

例，给人耳目一新的感觉。

社会化媒体的核心在于建构关系

任何新媒体的出现都不是对原有传播手段的简单修正，通常都是颠覆性转变。麦克卢汉说过"媒介即讯息"，梅罗维茨也认为，在现代社会，媒介的变化必然导致社会环境的变化，而社会环境的变化又必然导致人类行为的变化，其中尤其是电子传播媒介对社会变化所产生的巨大影响更令人瞩目，因为它能更有效地重新组织社会环境和削弱自然环境及物质"场所"间一贯密切的联系。所以我们更愿意将社会化媒体称为一种改变社会的力量。这将导致我们对于社会化媒体的本质理解为：它不仅是一种营销或者公关手段，而且也是一种商业模式，一种文化体现。

如今，消费者在做出购买决策时，不再盲目地被商家引导，而是主动、积极地搜集各种有关消息；他们不再被动地接受广告，而是主动向企业提出实用的反馈。而在科特勒看来，更重要的是，社会化媒体的兴起本身就反映了消费者信任从企业向其他消费者的转移，他称为"水平化的信任体系"。因此作为营销手段，应该更多地体现为关系营销，即将营销的核心定位于建立和发展与消费者的良好关系，而不仅仅是售卖产品，从而实现了以"产品"为中心向以"人"为中心的转变。

营销的更高境界是打造一种切实可行的商业模式。著名管理学大师彼得·德鲁克说："当今企业之间的竞争，不是产品之间的竞争，而是商业模式之间的竞争。"在经济日益信息化和全球化的今天，商业模式的重要作用已经得到社会各界的高度重视。作为商业模式，引用摩根斯坦利的观点，互联网的商业模式呈现为三个层次，最底层是以产品为中心、其次是以平台为中心，而最高层则是以社区为中心，而社会化媒体的存在正是以社区为表现形式的。知名的互联网鞋类经销商

Zappos 的托马斯·诺尔也表示，目前对于社会化媒体，过分地强调了其中的媒体属性，而应该更加关注它的社交性，因为社会化媒体的目的就是为了与客户联系和建立关系。

学会沟通而不是止于传播

在社会化媒体中，要适当弱化企业的身份，而代之以某些员工的身份（即相对个人的身份），与这些重要消费者建立关系。也就是，消费者比较愿意与企业的某些员工交朋友，但不一定愿意直接与企业的官方打交道。东方航空公司的微博账号"东航凌燕"虽然也是官方微博，但与网友交流的都是一个个活生生的空乘服务员，有效地避免了可能给网友们带来的不适感。人们在微博上的身份不是消费者，而是普通的互联网用户，所以企业在管理微博账户的时候，言行不能太商务化，不能冷冰冰的，要用用户的沟通方式跟用户沟通。做微博营销活动也是一样，过于商业的活动，大多数用户是没兴趣的，除非参加这个活动能给他们带来很多价值，那也只是为了参加活动而参加活动而已。

此外，社会化媒体上的对话是一种双向对话。与传统营销不同，社会媒体营销人员需要听取社区群众的声音并与他们对话，这可能是社会媒体营销活动的最大壁垒。要先学会聆听，看看你的用户在谈论什么、关注什么、感兴趣的是什么；你们的竞争对手都是怎么做的，行业中做得最好的企业又是如何去做的。学会聆听不仅是要获知消费者提供的信息，而且是要听进去，甚至要了解他们的"弦外之音"，并且有针对性地采取措施和行动，这样消费者才相信他们的话没有成为你的耳旁风。

无论是与消费者还是自己的员工，进行良好的沟通也许是解决传播与沟通问题唯一的钥匙。通过沟通，融入到消费者乃至员工的社区当中，成为他们的一员，这样能在很大程度上帮助企业逐渐学会站在消费者和员工的角度去看问题，去处理问题。而只有这样，企业才能跟得上利益相关者前进的步伐。至于如何建立沟通、管理沟通，如何解决上述的难题，并通过良好的沟通达到融入的目标，将是我们今后需要投入大量的时间与精力来进行深入研究的课题。

改变组织架构成为必然

做社会化媒体营销的企业无法回避一个现实：每个企业都希望在社会化媒体上能够一呼百应，粉丝数越多越好，但其背后的维护成本极为巨大。所以企业在进行社会化媒体实践之前以及在运行之中，心中应时刻想着一个问题，那就是匹配性——自己的业务支撑团队是否有足够能力来应对来自市场、来自公众的巨大挑战。

"危机公关的四个层级：①客户不满；②客户抱怨；③大家谈论；④形成话题。之前我们认为危机公关是由市场部负责，现在我们认为危机公关的核心环节在客服，如今的互联网及社会化媒体加快了'客户抱怨'到'大家谈论'的进程，客服是控制这一特点的关键，应该赋予客服一定的权利和职能。更重要的是，企业要持续优化产品和服务。"这是新浪微博上一个企业一线管理人员根据实际经历做出的切身总结，虽然他的角度在危机公关，但也反映出企业维持社会化媒体运营的出路的思考。但只能说他讲对了一半，因为这必将是一场全员参与的战斗！

不管社会化媒体的时代是否到来，企业的组织结构都势必会由传统的金字塔集权制转变为分权的横向网络型组织结构。原来承担上下级层次间信息沟通联络的中间环节——中间管理层将日益减少；内部分工和由此带来的控制和反控制、协调与反协调的内耗将被扬弃，从而创造最短的信息流。这种组织结构意味着员工素质大大提高，他们逐步养成独立处理问题的管理能力；也意味着组织的分权趋势，组织成员可以在自己的职责范围内直接处理事务。

目前看，以涉及社会化媒体管理链条的相关职能部门派出人员组成新的机构是一些企业的主要做法；而从长远看，原有部门管理架构调整不可避免，建立更为灵活、有效的部门机制成为一种必然，但随之而来的则是包括人事管理、绩效评估在内的一系列规章制度的连锁调整。

文化认同是迈不过去的"坎儿"

在社会化媒体的王国中，倡导开放、透明、坦诚的游戏规则。如果一个企业的文化并非如此，或者内心并不愿为之改变，相信这条路必然会充满荆棘。但可能又不得不走，因为这种文化属性也代表了新型组织的一些相关特征：价值观驱动、以可持续发展为目标、打破组织围墙的跨界合作等，可以说它代表了未来。

社会化媒体有一点很重要，就是人人参与、人人分享。传统的观点认为，社会化媒体的开放性、透明性对企业形象有很大的打击，但是如果企业想真正地参与到社会化媒体中，就必须打造一个更为开放、透明、共享的组织结构体系。只有这样，才能使组织的文化无论从内部还是外部都能得到公众和员工的认可和评论，这是企业成长中很关键的一环，也是考验一个组织信息是否对称的标尺。

文化虽然无形，也并非最为直观的影响因素，但对于企业进行社会化媒体的实践绝对是个关键。一个重要的结论是，不是所有企业都适合参与到社会化媒体的应用实践中。这包含两个方面的认识：提醒企业不要盲目介入社会化媒体，需要事先反思自身的企业文化；必须认识到社会化媒体是大势所趋，企业必须建构符合其要求的内部文化，即使要遭受巨大的变革阵痛也在所不惜。

风险控制："堵"不如"疏"

在互联网时代，处于危机旋涡的企业目前的
难处在于：不知道多少消费者会发声？何时会发
声？声量有多大？持续有多久？

目前，危机正走向常态化。有统计表明，目前搜索次数累计上亿次，围观乃至评论人数超过数百万人的危机事件，正在以平均每两天一次的速度爆发。而这种体量危机在 5 年前 Web 2.0 大行其道的时候，爆发频率也不过每月一次。社会化媒体已逐步成为危机舆情源头及引爆点（见表4-1）。中国传媒大学网络舆情（口碑）研究所 2011 年 8 月 18 日发布的《2011 上半年中国网络舆情指数年度报告》显示，微博已经超越网络论坛成为中国第二大舆情源头，仅次于新闻媒体报道。[⊖]

报告显示，中国舆论的重心迅速向微博转移，网民爆料的首选媒体更多转向微博。2011 年上半年，中国传媒大学网络舆情（口碑）研究所统计的网络热点事件中，18.8% 的源头是微博。此前论坛、博客和新闻跟帖作为最主要的网络舆论载体的格局已被打破。

金山网络首席营销官刘新华指出，以微博为核心引发的群体围观和媒体裂变，正在改变许多社会和品牌事件的传播轨迹。无论从传播速度、波及范围、爆发频次乃至杀伤力上都有颠覆性的改变。武汉大

⊖ 艾利艾咨询. 2011 年第三季度中国网络舆情指数报告［R/OL］. 2011-10-20. http：//www. iricn. com/index. php？option = com_ content&view = article&id = 258&Itemid = 7.

表 4-1　各事件网民关注数据表

事件	天涯	凯迪	强国论坛	中华网	西祠胡同	猫扑	新浪微博	腾讯微博	搜狐微博	网易微博	合计
药家鑫案件	209 000	54 600	175 000	123 000	326 000	209 000	1 520 383	1 547 539	82 015	98 585	4 246 537
郭美美事件	2 980	222	4 590	1 610 000	12 900	35 000	1 234 930	535 798	23 632	40 214	3 476 434
塑化剂	639	143	22 000	758 000	20 100	8 810	385 197	319 091	9 207	19 822	1 533 802
谢霆锋张柏芝离婚	37 111	4	4 750	18 600	31 800	46 000	205 538	835 993	15 426	1 634	1 181 330
个税起征点	924	245	12 900	58 900	26 600	18 800	245 208	266 988	9 798	520	635 773
李娜法网决赛	1 744	29	9 320	5 040	5 960	4 200	71 896	388 397	6 853	2 142	488 729
夏俊峰事件	287	124	8 110	5 320	2 210	2 650	166 432	58 013	6 495	7 421	250 567
故宫失窃	2 503	17	2 430	3 270	2 310	3 070	92 241	113 461	2 119	2 350	221 652
微博开房	3 528	12	21 500	26 200	9 710	23 900	45 896	70 305	2 044	554	201 605
高晓松酒驾案	1 417	21	3 100	6 170	13 600	2 990	65 998	93 294	5 030	2 031	188 621
清华真维斯楼	308	23	3 020	4 530	21 900	5 880	83 056	60 433	2 213	7 155	186 305
陈光标慈善注水	1 659	60	7 780	15 700	11 500	1 410	70 351	31 242	86	7	140 496
统计局住房支出111元	1 553	18	7 000	83 200	8 810	2 650	16 748	15 398	1 464	312	135 639
徐武事件	257	90	10 100	4 880	1 360	1 570	91 045	20 378	5 936	0	129 680
双汇万人大会	1 474	2	5 200	2 540	2 160	2 850	5 835	12 625	635	30	125 342
富士康爆炸	11 421	10	3 750	4 520	3 500	4 230	1 052	63 508	0	0	91 991
莱农自杀	740	19	3 660	14 500	1 500	629	16 508	16 697	1 469	84	54 337
江西抚州爆炸案	1 263	8	1 160	5 010	2 830	2 740	6 487	32 193	0	0	51 691
最牛工商局长	576	17	7 000	5 750	3 760	6 670	3 192	12 979	588	1 001	400 61
中石化百万酒单	5 565	4	752	665	385	29	4 246	9 401	0	1	21 048
本科生高考阅读	643	0	319	799	3 210	3 390	577	9 691	228	0	19 129
李庄漏罪案	958	70	1 750	501	505	13	7 979	6 653	1 343	0	18 429
南方洪游	71	1	15 300	7 640	5 080	1 010	985	9 974	739	35	14 602
会理悬浮照	150	3	526	609	275	3 430	2 123	3 105	50	290	10 511

资料来源：沈阳. 2011 年二季度网络舆情和微博问政报告 [R]. 武汉大学，2011.

学沈阳教授在进行动车追尾微博和媒体报道趋势分析中特别强调，微博启动快，呈爆炸式增长。而从最近多起危机事件的传播速度看，网络媒体最快，广播媒体次之，电视媒体落后。无论是 2011 年的"7·23 动车追尾"事件，还是此前多起来自民航系统的延误事件，都是网友第一时间通过微博向外界传递出相关信息。来自《京华时报》的消息，民政部中民慈善捐助信息中心介绍，2011 年 6 月郭美美事件发生后，公众捐赠剧减。此前的 3 ~ 5 月慈善组织接收捐赠总额 62.6 亿元，而 6 ~ 8 月总额降为 8.4 亿元，降幅 86.6%。[⊖]

　　而社会化媒体通过内外部的夹击，使对这个新生事物尚未把握甚至还不甚了解的众多组织和个人受到影响乃至伤害。"内"指的是或对社会化媒体的理念认知不当，仍然延续了传统的思维方式；或对社会化媒体的基本特征缺乏了解，导致操作失误、泄密。"外"则是社会化媒体形成的舆论环境，信息通达，监督更为严格，容忍度更低。

　　2010 年春天，某公司因为被曝其购买的棕榈油制造方破坏印度尼西亚的热带森林从而间接卷入环保纠纷。有人在其 Facebook 的公共主页上留言，对此事表示谴责和质问，对于这一负面的评论留言，公司官方竟然予以激烈的反驳，并且还给该用户以严重的警告。

　　为什么我们会认为该公司的这一应对方式令人非常难以置信呢？一方面，对于品牌这样公开地以非常激烈的情绪化方式来回应用户的指责和质问，间接反映了一个事实：相较于在其他媒介领域的投入和重视程度，品牌在 Facebook 上面显得太过草率和缺乏重视。该公司对于 Facebook 上所有的评论、留言，在发布前从未审核，这也直接导致了这一事件的发生。其实，该公司对于所做的推广营销广告或者活动，一直有非常严格的管理机制，以避免任何不利于品牌的声音或者事件

⊖　陈莽 . 郭美美事件后全国慈善组织受捐额剧降近九成［N］. 京华时报，2011-08-26.

的出现。为什么对于社会化媒体却没有体现出这一专业水准呢？只需要一个简单的发帖审核机制就能简单地解决诸如此类的问题。

最近这段时间，原本只是在中国互联网业内口口相传的所谓"网络水军"已成过街老鼠。所谓"网络水军"是近年来才出现的新名词，一般是指受雇于网络公关公司，为他人发帖、回帖造势的网络人员。为客户发帖、回帖造势常常需要成百上千的个人共同完成，其量如水，而且对互联网的渗透也与水相似，因此，那些临时在网上征集来的发帖人就被叫作"网络水军"。网络水军一般服务于商业领域，为企业产品或企业之间的竞争提供舆论造势；也有"网络水军"在一些关注度较高的新闻事件后出没，为被曝光的个体或利益群体服务。

传统上，当一个企业面对负面评价的时候，最先想到的是公关。但在社会化媒体上，企业几乎无法通过公关去摆平那些负面消息。尤其摆平过程本身，或许也会在微博上被曝光，因为微博上有难以计数的、身份各异的"记者"和"评论员"，一旦曝光，那结果可能就很"悲剧"了。凡此种种，表面上打的是"互联网"的旗，但骨子里还是想靠传统媒体下的三招两式去搞定对手，必然落得个悲惨的下场。

理念出现偏差毕竟要有一个认识的过程，那么对新的沟通方式不熟悉却贸然出手，未免有些荒唐而可悲。

在Web 2.0时代的社会化媒体背景下，消费者掌握"生杀大权"，他们的评论对于品牌形象和企业声誉有着巨大影响。任何组织都必须加强危机防范意识，同时原有应对危机的方法原则也必须随之改变。

而对于原有的危机处理原则也必须具有清醒的认识。比如有人指出，突发事件危机公关"黄金四小时"理论在微博就不适用了。信息过剩时，骂声有时无法止于道歉，在新鲜目标时刻涌现的微博上，沉不住气反而会惹来众怒，甚至升级事态。所以，微博上宁愿慢也不要说错话，否则会被无数次恶搞放大，被转发之后删除原文都没用。

因此，企业应该重新制定有效的社会化媒体策略来应对新时代的新挑战，同时充分利用互联网蕴藏的巨大机遇来建立品牌知名度并进行声誉管理已成为当务之急。

毫无疑问，采用社会化媒体技术将会为企业带来好处，但也存在巨大挑战。首先是安全性。不管是好是坏，企业为此倍感困扰。这可能是无意义的，甚至是愚蠢的。然而，企业一直都想知道：安全问题怎么解决？并不是每个企业员工都能有访问所有信息的权利。这是显而易见的，但又该如何解决呢？社会化媒体也告诉我们，在这个新传播时代里，危机公关应该放弃"摆平"、"控制"的想法，更不可能以所谓的"阻断"去扑灭危机之火。

2011年1月8日，人民网舆情监测室发布《中国企业舆情应对能力与声誉风险管理报告》称，通过梳理自2000年以来的企业危机发现，2010年成为企业舆情危机的井喷年，企业舆情危机总量达到154件，较2009年同期增长了83.3%；而2000~2010年的平均企业舆情危机增长率仅为31.5%。近10年来，企业舆情危机主要集中在民企和外企，目前央（国）企的舆情危机事件虽然还未占到总量的绝对多数，但其舆情危机事件的爆发开始以较高的增长率攀升，恐成为下一波中国企业舆情危机主角。⊖

统计显示，2010年央（国）企的舆情危机事件数量占总数量比重较2009年增长高达308.3%，其中石油、航空和通信等重点民生行业企业最受舆论关注。同时，公众对社会责任类危机话题的关注度持续上升，而这一话题有九成多与央（国）企相关，无疑对央（国）企的

⊖　人民网舆情监测室. 中国企业舆情应对能力与声誉风险管理报告［R/OL］. 2011-11-25. http：//51fayan. people. cn/GB/185127/yangqi/yangqiyd/index. html.

舆情应对能力提出了挑战。

监测发现，互联网对企业危机的推波助澜作用越发强大，导致了消费者、媒体等利益相关方"有事网上说"的心态，企业任何微小不当的举措都会在互联网上被放大变为公众话题。网络舆情应对与企业的声誉管理已密不可分，改善企业的网络声誉环境，切断舆情危机长尾以及进行网络舆情疏导，应成为企业下一步的重点部署目标。

比如在BBS平台上，企业曾有成功通过联络网站编辑、论坛版主删除负面信息的案例，而在面对微博这种朋友圈群内信息传播几何式增长的庞大量级，这种删除单一渠道负面内容的方式便显得捉襟见肘。即使有资源联系到负面信息发布的源头进行删除，但如果粉丝对转发负面内容进行了编辑，或将照片等内容进行过截图，那么单一的删除源头便会无济于事，除非是危害到国家安全问题的内容，否则要删除个人发布的内容，通常是要产生大量沟通与经济成本，而网民发布与转发负面信息则完全是免费的。很难想象，在微博平台上大量删除负面信息是一个何等庞大的成本预算。

传统的企业危机公关模型中，企业因为问题引发传统媒体的围攻，但至少尚能知晓威胁来自何方，而且在企业的风险管理体系中也会有办法针对性地给予处理。但社会化媒体的崛起，看似只是某个人，如果他具有足够的影响力，或能利用社会化媒体聚合足够的围观者和支持者，就像《未来是湿的》作者克莱·舍基所说的"无组织的组织力量"，就可能让组织化的传统公关体系很快瓦解乃至彻底失效。

因此，利用社会化媒体平台进行危机处理时，应更加注重对公众利益的关注。某品牌洗发水因使用微博维权，从而成功地规避了利用传统媒体渠道可能带来的延迟、误导、歧义，但结果并不如设想得好。原因在于，在迅速表明态度，提示真相的基础上，该品牌被指责为过分为自身洗清"不白之冤"，而缺乏对受害者——消费者的利益关注。因此，在企业的头脑中，思维仍然是传统的，而非社会化媒体的。

所以，应该更加重视危机预警机制的建立。企业要积极融入社会化媒体所营造出的社区的意义，在于要时刻洞悉公众的反应，了解他们的所思所想，同时尽量保持友好合作的关系，这样对于危机既可"未雨绸缪"，又可博得公众可能的善待。

目前，以微博为代表的社会化媒体已逐步成为涉及声誉伤害的企业危机发生和扩散的重点区域。危机的发生、传导等相应环节与传统媒体环境下的特征存在较大差异，这意味着企业的公共关系将面临着一些新的压力和挑战，公共关系策略也需要进行大幅度的调整。但企业的危机处理仍将重点放在"摆平"、"控制"，现在来看，不仅效果甚微，而且副作用十分明显。同样不可忽略的是，社会化媒体的开放可能导致企业"泄密"情况的出现，如果没有相应的培训和规范出台，很可能使企业陷于被动，因为单纯地"堵"、"禁"很难奏效，也和整个大环境不符。

美国学者唐斯提出扰乱定律（law of disruption），这一定律指出，科技发展是呈指数式的，具有突破性、跳跃性的特征。与之相比，商业结构、社会体制以及政治制度的演化却是渐进的，因此政治、社会和商业变化的速度远远落后于科技的变化速度。不可避免地在这一时间差中会产生一种鸿沟（gap），当这种鸿沟大到一定程度时，便会出现一些杀手级、突破级的科技应用。这种科技应用又会对商业机构、社会机构、政治治理产生重大影响（见图4-1）。而社会化媒体就是这一定律所言的科技应用的重要产物。[⊖]

⊖　沈健. 浪潮求生：社会化媒体时代危机管理及网络营销［M］. 北京：机械工业出版社，2012.

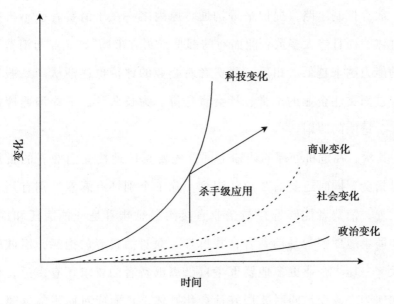

图 4-1   扰乱定律示意图

在危机治理中，来自企业的舆论引导与危机扩散永远处于博弈状态。而在社会化媒体环境下，企业的引导难度加大，有效引导效果减弱，这就要求企业必须转换思维，寻求适应社会化媒体规律的新思路。

重新定位公关思维模式

企业危机公关在社会化媒体环境下失败的主要原因在于企业仍停留于传统的思维模式。当企业面临负面舆情时，之前的处理模式中，公关从业人员会第一时间联络媒体负责人，如报纸类媒体的总编、编辑等，通过公关手段与良好关系，促使媒体不予报道或"避重就轻地处理"，或者直接协调删除负面内容，试图掩盖不良信息。不可否认，这种做法到目前为止还没有完全消失或完全失效，但遇到的阻力或者成功的可能性已变得越来越小。

因此，在社会化媒体环境下实现有效舆论引导，首先必须端正态度，放弃控制思路，提倡平等沟通。原因之一在于消费者已不再是弱势群体，而且绝大多数企业面对的都是"买方市场"，企业与消费者议价的能力越来越低。相反，消费者对企业的评价也逐渐从产品服务本身，进而关注企业的声誉、社会责任等。为长久计，平等沟通应把握诚实、透明的原则。

其次，在危机处理的认知上，首先要真诚地接受消费者的批评甚至是指责，同时还要清楚地认识到，除了个别怀有恶意、别有用心的人之外，消费者能够选择与企业直接沟通意味着是一种信任和期望，不要简单地理解为是消费者在找麻烦，面对消费者的抱怨，坦诚的态度大于一切。企业更多地要思考自己离消费者的要求还有多远，要思考如何为之改变。同时要用好社会化媒体，正面应对而不能躲避、敷衍，并且必须建立实时反应的机制。

仅是态度坦诚已不能满足消费者需求，消费者还要看到切实有效行为的跟进。中央电视台在2010年"3·15"晚会上对两款某品牌笔记本电脑的大规模质量问题进行了报道，公司客户体验管理专员在接受采访时，对笔记本的故障原因做出自己的解释：中国学生宿舍的蟑螂太恐怖！此言一出，随即引起消费者愤怒，网友创造《蟑螂之歌》讥讽该品牌。3月16日凌晨，该品牌在其中文官网公开道歉，并推出"客户关怀增强计划"，即为问题笔记本电脑提供延长保修等服务。同时，为应对"3·15"晚会的曝光，16日16时，该公司紧急召开发布会，回应笔记本故障问题。在发布会上，该公司向广大消费者致歉。尽管事发后，该公司诚恳的道歉缓和了事态发展，然而，售后服务并未落实道歉中承诺的免费更换零件，再次引起广大消费者的愤怒，最终导致了危机升级。

而在危机处理的策略上，尽管迅速处理是重要的原则，但不能为了效率而牺牲效果，欲速则不达，处理要稳健扎实，注重长远，不要急于求成。避免采取不正确的方法实现所谓的"速战速决"，比如收买、利诱、恐吓等，否则遗患无穷。

审慎对待意见领袖

尽管我们多次强调，在危机处理过程中企业要迅速占领消息源，但这只是有效引导舆论非常重要的手段之一，作为最重要的第三方，意见领袖的作用不容小觑。除了"二级传播"理论的基础外，在危机传播中，作为利益相关者的受众，因个体认知、信源信度等原因，更可能对直接从大众媒介或者企业自有媒体发出的信息产生不信任感，其"选择性接触"和"对抗性解读"便是这种不信任感的表现。如果处置得当，意见领袖可以很好地弥补这一不足，因为他们具备了企业自身进行危机处理难以具备的特质。

首先，意见领袖总是能将组织和媒体构建的符号系统转化为群体成员最容易接受的符号要素（这也是意见领袖得以存在的重要基础）。这些人际间的直接互动方式，在确保沟通的有效性方面显然非大众传播和组织传播所能企及。其次，意见领袖的传播行为，是对媒介和组织的信息进行加工后的"补强"传播。在此过程中，他会重复和强调群体成员已知的信息，补充未知信息，而这一过程也是意见领袖将其倾向与判断渗透给受众的过程。如此，来自外界的事实信息经由意见领袖转换为具有高度独特性的意见信息，而意见信息才是影响公众态度和行为的关键资源。意见领袖是信息传播的重要节点，也是实现上下、内外传通的双向"把关人"。这意味着如果企业在危机中能够找到适当的意见领袖，并与他们实现有效合作，便能准确掌握舆情，使针对性的双向交流得以进行。

对于可能会对自身产生影响的意见领袖，危机管理者应当建立相应的资料库，并开发一系列针对意见领袖的危机传播和危机公关策略，来引导他们在危机扩散过程中可能要传达的观点和言论，以此切断流言的传播渠道，为化解危机赢得舆论支持。而对于意见领袖的引导，必须建立在对其精确分析的基础上，即了解他们对于危机事件的观点和态度，对于品牌形象、信誉和忠诚的态度改变等。但必须明晰的是，并非所有具备影响力的意见领袖都会成为企业可引导的对象，应建立在其对企业基本认同的基础上。当然更不能采取收买的手段，这样不仅意见领袖的价值会严重贬值，而且又为可能存在的危机留下隐患。而其主要目标是要在危机事件发生后，加强与意见领袖的双向互动和沟通，以缓解或消除他们对品牌形象的负面态度，进一步保证在人际传播渠道中阻断不利于品牌形象的流言传播。与意见领袖的沟通必须秉持"主动、快速、真实、真诚"等这样一些危机反应的基本原则。

引导的过程应该也是培养的过程。培养意见领袖最主要的就是促成品牌的忠诚消费者、品牌代言人，以及品牌营销人员等一些品牌传播中的关键群体向人际传播中意见领袖的转化。对意见领袖的培养是一个长期过程，但一旦危机来临，意见领袖在人际传播中的特殊优势就可以显现出来，其作用也越来越难以替代。这就要求企业要认真寻找、分析和选取潜在支持自己的意见领袖，经常邀请他们参与企业的重要活动，与他们沟通企业的最新信息，为他们提供行业的基本知识，培养他们成为行业的专家、企业的自己人。通过种种方法，消除与他们的"信息沟"，化解彼此陌生甚至是敌对的情绪。如此，当出现危机事件后，这些意见领袖出于对企业的了解和好感就能帮助企业获得更多的第三方支持。

但企业也要深知，在社会化媒体环境下，特别是网络意见领袖不仅分布更加分散，而且更加难以接触和更加独立。他们没有发稿的要求，也不会有媒体广告部门的压力，但很多意见领袖（达人）非常看重自己在网络世界中得之不易的荣誉和地位，不会轻易为某个企业违心代言。如果企业本身的产品不良，或是他们主观上对产品缺乏好感，他们也会毫不留情地传达出来。而有些网络意见领袖往往并不是危机事件所属领域的专家，他们并没有深厚的专业知识，因此更容易受到个人偏好和感受的左右。因此企业在与之沟通时风险更大，需要更加谨慎以及更加平等与坦诚。

此外，特别强调的是，凡是与意见领袖之间存在矛盾或发生冲突，处置原则和处置方式一定不可就事论事，应充分评估他们对某事的受关注程度以及自身存在的影响力。

2007年星巴克处理"故宫——文化危机"事件则是一个非常值得借鉴的案例。1月12日，央视主持人芮成钢在其博客上发表"请星巴克从故宫里出去"的文章；仅仅2天后，他便在博客发表了"星巴克全球总裁兼CEO给我的回信"。1月17日，星巴克在其博客上发布"星巴克已将窗户上的标识摘下/解决方案"一文。此次事件，星巴克显示出了高明的危机管理技巧。总裁的回信以及星巴克采取的行动都及时在事件发起人芮成钢的博客上公布，正是所谓"在哪里跌倒，就在哪里爬起来"的智慧。

有效进行议题设置

尽管目前有研究表明，议程设置者主动的设置行为与最终受众所关注的议程并非总是呈现高度正相关，但在危机处理过程中若出现企业议程设置"缺位"（如对网络危机事件不予理睬，回避必要的议程设置工作）或"错位"（如在网络危机事件中予以不当设置而使危机愈演愈烈）的现象，受众就很可能寻求非权威渠道以获得信息，进一步造成危机信息迅速蔓延，甚至可能会引发社会混乱等严重后果。

因此，这意味着企业应积极行动起来，主动扮演信息源角色，及时、准确、适度地向媒介提供信息议题。及时，即强调信息的时效性，而且应在外界要求回应之前；准确，即强调对信息的真实性负责，力戒以假当真、隐瞒欺诈；适度，强调自我利益与公共利益兼顾，尽量在二者之间做出权衡取舍。无论怎样轰动、强势、有效的议题，都必须限定在公共利益和主流价值的框架之内，千万不可让公众对企业价值观产生质疑，否则将无以自救。纵观近年来重大危机的应对，重事实澄清而轻价值重建，重事由辩解而轻规则再造是管理失败的重要原因。

议程设置前必须了解媒体的运行逻辑和运行规律，不仅包括传统媒体，还有社会化媒体的规律和特征，以及利益相关者的心理需求和行为模式。要通过丰富的知识、技能施以有效影响，而不是一厢情愿地陷于自说自话的议题之中。除自我设置议题外，还要及时追踪媒体议题，迅速做出反应和调整，使不利议题消弭于无形，使有利议题得以成为主导。这主要体现为三种模式。

（1）顺应模式。如果危机的发生源自内部诱因，且为企业行为失当或属于偶发性事件所致，并未对企业产生严重影响，应采取顺应型议题管理策略，即注重态度，诚意致歉后辅以改善行动之承诺，重点在尽快处理完毕，早日脱离公众视野，切不可节外生枝。在运用顺应模式时应着重考虑两个问题：

第一，设置核心议题，谋求重点突破。即使是较为单纯的危机事件，也可能产生多种议题（这种状况在当今尤为突出），因此，在相对有限的危机处理时限内，必须集中精力和资源，对媒体最为关心、核心利益相关者最为关注的议题做出及时有效的回应。避免谋求面面俱到，希望化解所有攻击，争取速战速决，尽量不被非核心议题所纠缠。

第二，顺应、迎合要适度。顺应模式的核心在于合作非对抗，即尽可能在平和的气氛中化解、消除危机，但绝不能以牺牲原则、突破底限为代价。应让外界感到企业的坦诚和负责任的态度，但又不可使众多未受伤害的消费者绝望。

（2）对抗模式。如果危机确实来自外部环境，如不可抗力的自然灾难，为谣言所累，遭遇竞争对手的不正当竞争，以及消费者无端挑衅，媒体不实报道等，企业可采取对抗型的议题管理策略，以使自己迅速撇清责任，避免被危机纠缠。此模式也应注意两个关键问题：

第一，对抗要有理、有据、有节，充分体现理性诉求特征。因不堪委屈而陷入情绪化的争论最为禁忌，这常常是出现次生危机的主要出口；以"还我清白"的诉求表现得过分强势也不可取，这很容易被揭出其他问题。因此讲求分寸，为自己留有余地是重要原则。

第二，对抗中不可全面树敌。即便企业面对的所有挑战者都存在问题，也不可因一时兴起在同一时间不分主次地全面宣战。比较理智的策略是找源头、找主导，找对抗性最强者给予抗击，其他势力可考虑分化瓦解。冠生园发生的"陈馅"事件中，厂家一方面指出这是行业潜规则，将同行推到对立面；同时又威胁要控告央视，又将媒体视为自己的对手，最终导致危机处理的严重失败。

（3）转化模式。如果企业持续受到一系列事先无法预料的危机攻击，可采用转化模式的危机管理策略。所谓转化模式，即策划并对外传播一个与目前社会关注危机关联性较弱，但却能正面（至少是中性）反映企业状况的议题，转移公众兴奋点，降低公众关注热度。但必须看重前提，即核心问题如果不能解决，不可贸然转化。而且要慎重看待转"危"为"机"，有时需必要的忍耐，等待事件自然发生转机（比如出现重大事件或其他危机事件等）也是重要策略。

规避次生危机的形成

危机处理的最大挑战不在于危机本身的破坏力、影响力有多大，关键是持久性有多强。如果危机本身持续成为公众关注的焦点，不断被挖掘出之前未被涉及的新问题，不断引发次生危机，对企业的打击几乎就是毁灭性的。

避免出现处置不当行为

综观以往案例，容易产生次生性危机的环节多在于危机处理过程中，特别是表现为企业对外传播人员言语表达失当，处置行为不当等。归真堂风波也是由于初期企业领导人应对欠妥，导致了各种猜想与误解，为危机事件的及时处理造成了不必要的障碍。

对于外界的异议，归真堂创办人在媒体上的表达是"反对我们就等于反对国家"。而实际的含义则是：归真堂养熊和活熊取胆生产熊胆粉均经有关部委批准，是合法企业。虽然媒体有断章取义之嫌，但传播内容容易产生歧义也是不争的事实。而在有助于挽回归真堂声誉的企业"开放日"活动中，仓促准备的记者招待会又由于企业方和第三方专家的回答不慎，再次引发社会的强烈关注。与会专家和归真堂方面称，熊看起来不痛。有记者问到："你又不是熊，你怎么知道熊不痛！"归真堂董事继而反问："你又不是熊，你怎么知道熊痛？"有记者询问，有没有一种病不吃熊胆药物会死？与会中药专家说："我不知道，不吃馒头会死的人有吗？"记者反问："原来熊胆好比馒头？"那位中药专家没有作答。⊖

⊖ 中国网. 部分专家力挺归真堂 称活熊取胆好比小孩吮母乳［EB/OL］. 2012-02-22. http://news.163.com/12/0222/18/7QST2GPL00011229.html.

在社会化媒体平台上，有时这种情况不再是企业高层或是专业对外传播人员出错，而是发生在普通的工作人员身上，这更是要引起充分重视的。在"故宫事件"发生后，曾有表明身份的两家媒体人员通过微博平台与"故宫官网"直接交流，但平台值守人员表达随性，言辞失当。

"蔡成平"（新浪微博认证信息为"新浪财经驻日特约记者"）："故宫博物院副院长纪天斌到北京市公安局赠送锦旗，副院长算不算'院领导'？道歉信怎么能说'下午媒体播出'后，'院里才发现'呢？"

"故宫官网"："先生，你现在批都马后炮了，这些人家早都批过了。财经记者就别在非专业领域当专家啦。"

"蔡成平"："好大的口气，若监督者都必须是专家，那就没几个能监督得了！恰恰相反，此次贵处之误连小学生都看得清楚。非专家不可的话，敢问故宫现在的职员有几人可以继续工作下去？"

"故宫官网"："我们只是想说您现在这么批已经没意思了，第一波想出名的人已经出名了，您晚了一步，下次赶早。"随即故宫官网设置权限，"蔡成平"无法对其回答进行回复（即常常提到的被"拉黑"）。

此后，"邓兴军"（《北京青年报》记者）继续在"故宫官网"提出质疑："故宫到底失窃多少珍宝？通过这件事，俺真是心存疑虑了！"

"故宫官网"："《北京青年报》到底存在多少不良记者，通过这件事，俺也心存疑虑了。"

"邓兴军"："什么是无良记者？"

"故宫官网"："记者把不良信息随便乱发，不是无良是什么？"接着，故宫官网也限制了邓兴军回复的权限。

而在每个人都可以向外界传达信息的社会化媒体时代，尤其是在微博出现后，负面信息一旦产生并被网民关注，便会迅速形成病毒式、裂变式的传播。企业的公关从业人员已无法抢在第一时间删除负面内容，并且在网民高手传递过程中，负面信息有可能在瞬间覆盖整个社会化媒体平台，形成不计其数地浏览与转发，使单纯期待删除负面信息来解决问题这种简单方式变得越来越困难。

某国际知名的 IT 厂商曾以粗暴删除消费者发布负面帖的方式，试图掩盖负面信息，而此举反而更加激怒了消费者的情绪，将被删除的内部不停地重新发布在社会化媒体各个平台，上演了厂商与消费者长达 18 天的网络大战，反而使更多的人围观了这场闹剧。最终该厂商不得不主动与消费者和解，更赔偿了消费者 18 天的工资。$^{\ominus}$

此外，企业还应了解在社会化媒体环境下，即使是原来的危机公关处理手段也可能由幕后转向前台，有些公众（特别是意见领袖）可能将企业与其私下沟通的情况给予曝光，比如将沟通的微博私信公诸于众，因此也要求所有对外沟通的言论以及所谓的承诺必须能够禁受曝光。

危机处理期还应慎重使用社会化媒体，比如首次开启微博。很多企业认为这是一种表明开放、亲民的姿态。但如果舆论导向尚不能实现有效控制时，可以想象，公众的声音几乎都是负面的，这时必然会陷入一个极为尴尬的境地，即如果不回应，官网上就是骂声一片，会极大损害品牌和企业声誉；如果删除或回复不当又会发生次生危机，得不偿失。

对外表达要前后一致、言行合一

危机处理中另一常见问题就是前后表达不一致，言行（承诺和行为）不一致。在不一致的表象背后，内在原因主要体现在如下几种情况：首先，少数状况是，事关危机事件的重大或核心问题出现新的状

⊖ 沈健. 浪潮求生：社会化媒体时代危机管理及网络营销 [M]. 北京：机械工业出版社，2012.

况，与之前对外释放的信息不同而导致结论不一致，属于突发事件。而多数情况的原因是，缺乏事前危机应对的基本策略和规制的准备，仓促应战，敷衍应付。

香港某博物馆在故宫博物院临时展出的部分展品失窃后，公安机关历时 58 小时迅速破案。为表谢意，故宫方面赠送了锦旗，但其中关键字出错。面对质疑，有媒体报道称，故宫相关负责人解释说："'撼'字没错，显得厚重。跟'撼山易，撼解放军难'中'撼'字使用是一样的。"一位刘姓主任进一步表示："我们制作锦旗时请教过这个字到底怎么用，所以字没有用错。"[⊖]

在受到社会广泛质疑后，故宫对外公布道歉信，指出"在媒体质疑时，保卫部门未请示院领导，仍然坚持错误，强词夺理，不仅误导公众，而且使故宫声誉受到严重影响。故宫博物院就此事给予了当事人严肃的批评教育。"但质疑并未结束，有网友继续指出，"送锦旗的领导没看过？锦旗颂词是谁拟的？副院长送旗不看字？既知错为何当天不认？"这也体现出危机处理中前后表达不一致的第二个原因，即存在侥幸心理，不提供真实信息，企图蒙混过关。

对同一事件存在不同表述口径是应该极力避免的。同样是"故宫事件"，对于外界的质疑声，故宫方面一位工作人员对《法制日报》记者透露："此次在故宫博物院被盗的 7 件展品属于临时展览，以此类展览的安保水平来评估故宫博物院整体安保状况，有以偏概全甚至夸张之嫌。"而随后故宫博物院新闻发言人在被问及故宫展出的文物安保级别是否有差别时表示，故宫对于展出的所有文物都是同一个安保级别，不会因为合作方、展品而有所差别。[⊜]因此，建立常设新闻发言

⊖ 中国新闻网. 故宫遭遇"三重门"艺术宫殿深陷舆论旋涡［EB/OL］. 2011-05-16. http：//www. chinanews. com/cul/2011/05-16/3043757_2. shtml.

⊜ 赵丽. 评价故宫安保水平不可以偏概全［N］. 法制日报，2011-05-11.

人，或在危机事件发生后统一部署，确定对外传播的唯一出口都有助于避免造成次生危机的可能性。

谨慎处理与固有热点话题的链接

当前中国社会处于比较敏感的时期，存在很多容易产生巨大反响的固有议题，在社会化媒体平台上极易产生共鸣。而企业的一些孤立危机事件常常会被动与之牵连，从而影响事件的处理走向。

对于普通公众而言，在"快阅读"时代的背景下，也由于自身的阅历以及知识储备等因素，不会单独就某一事件给予充分解读，也很难给予正确判断，通常会形成在思维定式方面的自然衔接，陷于"标签化"的简单结论，即使媒体也不能幸免。但这种基于刻板印象和思维定式的做法却能引发广大受众的情绪反应和主动追随。因此，对于危机事件的走向判断和可能产生的不良影响，企业要有充分认识，不能简单地就事论事，必须有效防范可能带来的牵连影响。

尽管中国近年来经济高速发展，国力迅速强大，但与外企有关的危机事件容易与民族主义相连接，特别是与热点事件或传统恩怨有关的。比如家乐福，因奥运会传递圣火在法国巴黎受到冲击而遭到抵制；比如日资企业，由于传统的民族恩怨，有时会遭遇寒流。还有那些已产生固有负面心理定式的行业、企业，比如房地产、乳制品行业。

此外，之前关注度虽然不高，但透明度比较低，有一定行业知识限定，容易被曲解的行业和企业也逐步受到牵连，比如前文提到的归真堂。出于上市的原因，这些企业必须获得外界的认可甚至是考问，但公众对他们既无印象，又不了解，因此只要切中公众关注的敏感话题，再与企业的某些事实产生联系，而且这些企业在对外沟通上几乎没有任何经验，发生危机不可避免。

而意见领袖的有意引导和媒体的深入挖掘与提炼则是提供这种连接的主要手段。

【案　例】

西门子：遭遇"一个人的战争"

社会化媒体带来的网民自媒体的时代，挑战是无远弗届的，任何组织都难以幸免，企业更是首当其冲。亿万网民缔造了具有强大影响力的舆论场，但他们在成为自媒体的同时，却又无法承担作为媒体应有的客观、冷静、可靠的责任。当网民抓住产品问题在自媒体中义愤填膺地宣泄不满情绪时，多半不完全是因为产品故障问题，这种宣泄中难免夹杂了很多其他的因素，而产品故障问题只是一个导火索。2011年"十一"假期，在举国欢腾的节日气氛中，百年老店西门子却深陷一场由自媒体发起的公关危机。

2011年9月27日下午13点55分，牛博网创始人、老罗英语创始人罗永浩在自己的新浪微博发布了一条信息，对西门子冰箱和洗衣机的质量表示不满，在随后的3天时间里，他围绕这一事件疯狂刷屏，每有网友回复，便继续转发和评论，甚至向反对他言论的回复表示愤怒、开骂。于是这一事件反复出现在网民的视线中，被越来越多的人围观，他提到的西门子电器质量问题也逐渐出现了越来越多的网民表示"感同身受"。紧接着，罗永浩又在其微博中发布了一条披露自己拒绝西门子的"公关"请求的内容，将西门子发布的官方声明视作赤裸裸的挑衅。同时，他针对网民抱怨他3天内就西门子电器质量问题发布大量微博博文"刷屏"进行了自我辩解。这两条微博的措辞都相当强硬，使西门子的危机处理生生碰了壁。紧接着，罗永浩又上传了一段有图有真相的视频，演示家中的冰箱门是如何关不上的，使该事件持续地处于网民关注的视线之中，反复被议论。仅3天，便被近百家媒体报道，事件的恶劣影响进一步扩散。

与传统媒体"证据确凿、客观理性，以寻求解决问题为目的"的方式不同，自媒体时代的网民更愿意通过自己的方式去获取信息，评判对错，抒发观点，而这种信息的传递往往存在着浓郁的个人色彩、主观意识，他们的认知环境等客观因素也在一定程度上影响着他们的判断。而自媒体的阵地又恰恰比传统媒体更容易产生危机。企业在遭遇自媒体发起的公关战争时，如何进行危机公关？这也成为众多企业与网络公关服务从业人员所面临的严峻挑战。这个挑战并不是中国独有的，在世界范围内也有类似的情况。

从罗永浩"一个人的公关战争"等一系列事件中，我们不难看出，目前由于微博的兴起，手机上网的大范围使用，我国的舆情环境、媒体特点、监控手段、传播渠道、应对技巧等均发生了翻天覆地的变化。无论你愿意与否，亿万网民已经站在你面前，这要求各级组织和企业在新时期必须采取与时俱进的危机管理手段和处理方式，因为只有如此才能够化危为机，使我们的公关危机处理手段赶上快速发展的微博时代，而不是撞上微博时代。

【相关阅读】

这是一个"谈网色变"的时代，作为企业的市场、公关人员，作为政府宣传部门的官员或是公众人物，你是否对这种变化感到恐惧和无所适从？《浪潮求生》将帮你从看似纷繁复杂的社会化媒体

《浪潮求生》
作者：沈健
出版社：机械工业出版社

风暴中梳理出网络舆情变化的规律，帮你找到负面舆情应对的策略和手段。在舆情监测与危机处理的基础上，你还需要在这个平台上塑造与维护政府、企业和个人的正面舆论场，该书将全面、系统地向你展示如何进行真实、正面的社会化媒体营销。

社会化媒体，企业躲不过去的"浪"

□ 智囊传媒总裁、中央财经大学新传播研究中心联合主任　傅强

2012 年 3 月 16 日，是中国互联网发展史上一个值得记住的日子。就在这一天，微博实名制正式开始实行。据说，在此前几周的时间里，所谓的"僵尸粉"、"抽奖族"已经开始纷纷现形，一些企业官方微博的粉丝量已经开始下滑。就在这个时候，国内首部重点论述企业官方微博运营及危机管理的专著《浪潮求生》面世了，作者是我的老朋友沈健。

沈健曾长期在诺基亚等知名外企从事企业公关、危机管理等方面的工作，据他讲，当年汶川地震时的"铁公鸡"事件对他刺激很大——传统的公关思维方式和运作模式为何在社会化媒体浪潮前显得那么无力？企业在传播、营销、危机管理等诸多方面在社会化媒体的浪潮下到底发生了什么变化？企业又该如何应对社会化媒体时代下的危机管理与网络营销？

据我所知，沈健的这些思考是靠行动来支撑的。离开诺基亚之后，他更加专注于网络媒体公关与营销的实战与研究，历任大旗网副总裁和迪思传媒集团的副总裁，目前沈健还是北京网络管理办公室所属的北京市微博客发展管理专家顾问团成员，担任北京网络媒体协会理事等职务。也许正是长期在公关实战一线的转战经历，让他的这本《浪潮求生》与其他同类专著相比，内容更加注重对网络公关实战的指导，

书中结合了数十个最新的网络危机管理及网络营销案例的分析，更让读者感到了这场"浪潮"的汹涌。

目前我国各大企业和机构纷纷开通了官方微博，仅在新浪网开通官方微博的企业就已达 5 万余家。但是在很多的企业官方微博与微博活动中存在着大量虚假的"僵尸粉"和"抽奖族"，这一现象已成为公开的秘密，甚至有很多官方微博活动中的参与者90%是"僵尸粉"或"职业抽奖族"。

2012 年 3 月 16 日之前，根据国家有关规定，所有微博用户必须进行实名制登记，微博用户需提交并核实身份证信息，否则用户将无法在微博平台中发布、转发与评论信息。这一变化将使大量的"僵尸粉"纷纷现形，也将对微博营销行业产生巨大的冲击。微博实名制后，企业的官方微博将更加需要依靠优质的内容与丰富的活动吸引真实的粉丝。如何应对这一挑战是所有企业微博运营者面临的重大课题。

沈健在他的这本《浪潮求生》中，重点阐述了企业官方微博运营管理中遇到的四大误区与运营成功的三大特点。通过对企业官方微博运营中大量的实战案例的分析，总结出一套企业官方微博管理工具箱，其中包括做好企业官方微博管理的九大步骤。内容涉及微博建立初期的规划与定位，官方微博运营的内容与活动的管理，官方微博营销效果的评估等各方面。

该书除了重点论述企业官方微博运营管理内容外，还针对企业面临的微博时代的网络舆情环境，提出了 360°网络危机管理及应对策路。

2011 年以来，随着微博用户的爆炸式增长，我国的网络舆情环境发生了重大的变化。据统计，目前70%的企业重大负面报道首先来自于网络，尤其是微博阵地。在作者看来，随着微博意见领袖作用的异军突起，更出现了罗永浩仅凭个人微博就能向百年老店西门子发起公关战争等极端事件。每年"3·15"前夕都是各大企业对负面信息极为敏感的时期，但是面对微博兴起的全新舆情环境，各大企业普遍感到，过去仅凭删除负面报道、负面帖的传统处理方式已显得于事无补。而从《浪潮求生》一书所选择的出版时机来看——以"国内最新网络公关危机实战指南"的宣传语在"3·15"前面市，不能不说沈健先生在营销方面的身体力行。当然，该书一经面市立即引起包括各大企业、公关行业及政府相关宣传部门的高度关注也就是情理之中的事情了。

在我看来，《浪潮求生》一书的最大价值是，针对目前全新的网络舆情环境，结合国内外网络危机公关管理的最新动态，首次提出了360°网络舆情管理及危机公关策略，包括以微博为重点的全媒体负面信息监控方法，实战性极强。与此同时，作者还较为详细地给企业负责运用社会化媒体的人士，介绍了以对品牌毒性与网络传播性为分析维度的负面信息分级方法；网络危机公关处理的黄金时刻表；应用广场效应等方式对网络负面信息分级干预及网络危机公关预案的制订方法。

特别需要指出的是，针对微博时代负面信息可能来自于企业内部员工的舆情状况，该书还特别提出了制定《企业员工社会化媒体应用指南》的方法，加强企业对员工舆论的引导与管理。因为社会化媒体本身不仅仅是营销的工具，更是沟通的平台。

社会化媒体的作用，不仅仅是营销，还是整个企业组织的传播与沟通，企业可以借此重新建立与消费者间的信任关系。有些遗憾的是，在该书里，这些问题并没有完全展开，以至于《浪潮求生》这本书就像它的副标题一样，定位在了"社会化媒体时代危机管理与网络营销"的范畴。但在和沈健先生的交流中，我们有一个非常一致的观点：社会化媒体的出现，给整个企业级应用带来的不只是一场技术性的革命，可能在认知、方法上，甚至在管理的体系等各方面都产生了一系列影响。但当前，企业在面对这一新生事物时，总是显得盲从、不知所措。换句话说，企业在如何应用社会媒体方面，表现得不尽如人意。但事实证明，组织越开放，信息越透明，组织内部就越会凝聚成一个整体，在面对外界的时候，更能够有足够的自信。从这一点上来看，社会化媒体不单单是对外的沟通，很大程度上对内的沟通也是非常重要的。企业社会化媒体的程度越来越高，单纯的营利组织和社会性组织之间的距离就会越来越近。

协作创新：团结就是力量

> 增长、创新、组织学习，是各个公司的领导
> 者都孜孜以求的，而这需要有一支充满创造激情
> 和具有团队合作精神、甘愿奉献的员工队伍。

如今越来越多"不可能的事"正在发生，这在很大程度上要归功于网上大型合作（也称作"蜂巢思维"）。网上合作仍在不断发展，一个可能迅速进步的地方是：更多的女性将参与集体智慧项目，并且"让大嗓门闭嘴"。这都是麻省理工大学集体智慧中心的近期研究成果。研究发现，集体智慧并非最初设想的那样依赖于个体智慧。群组中女性越多，越能提高集体智慧，因为女性多了，能提升"社会敏感度"水平。另一重要因素是让每个人平等对话，而不是让"大嗓门"或者最固执己见者垄断话语权。⊖

借助"大型合作、巨型信息集合、全球性机构、超大实时社交互动"，越来越多从前被认为不可能的事物将涌现出来；组织就像是一团细胞，新的、更高组织层次会不断出现，这些新的社交机构就是一群人的一个新的、更高的组织层次。这两种情况下，新的层次都诞生了新的事物。新的行为者脱胎于新的层次，而这在较低的层次中是不可能的。组织可以做细胞没法做的事。Wikipedia、Linux、网络集体主义组织可以完成工业化人类无法完成的事情。

⊖　Richard MacManus，cybercser 译，蜂巢思维需要更多女性成员 ［EB/OL］. http://www. readwriteweb. com/archives/the_hive_mind_needs_more_women. php.

　　增长、创新、组织学习，是各个公司的领导者都孜孜以求的，而这需要有一支充满创造激情和具有团队合作精神、甘愿奉献的员工队伍。

　　Linux 开放源代码软件社群，就有这样一个绝大多数公司领导者都梦寐以求的工作群体。在某大学 Linux 服务器遭黑客攻击的一次突发事件中，20 多个来自不同公司、住在不同时区、从未谋面的社群成员只用了约 29 小时，就找出了安全漏洞并成功阻截了黑客攻击，完成了一项即使是近距离办公也可能要花上数周甚至数月时间方能完成的工作。没有人授权开展或领导这次行动，也没有人因参加这项工作而得到一分报酬，可他们就是走到了一起，并肩作战。有人可能说，这不过是IT 行业的另类做法罢了。可是丰田汽车供应商在火灾之后齐心协力挽回损失、恢复生产的例子证明，传统公司也可以拥有同样的协作能力。

　　在自由散漫、爱好咖啡因、不修边幅的电脑迷和纪律严明、崇尚饮茶、衣着整洁的日本汽车工程师之间，却存在惊人的相似之处。

　　具体地说，Linux 和丰田社群的运作结合了市场和层级组织各自的优势。它们具有像市场一样的自我组织机制，但不像市场那样在关键之处以金钱和合同为手段。两个社群的交易成本都很低，这一点跟层级组织很像，但其成员不像在层级组织里那样要受到具体工作职责的约束。Linux 和丰田社群的运作规则涉及三个全然不同的理念：一是个人和小团队该如何合作；二是成员间如何进行广泛而细致入微的交流；三是领导者该怎样引导成员朝着一个共同的目标前进。这种新型的协作形式又以两个基础要素为依托：共享知识库和广泛普及的知识传播工具。

　　Linux 的发布是采取通用公共许可协议，免费提供源代码，用户可以出于自身需要自由修改代码。丰田供应商则打破了公司间的传统界限，定期与横向和纵向关联企业，甚至自己的竞争对手共享流程改进经验。无论是开发尖端软件的 Linux，还是生产高级轿车的丰田，都采用了再简单不过的信息传播技术，从而为信息的传播与共享扫清了障碍。

在广泛、灵活的协作下，各成员和公司能够积累丰富的共享知识，形成模块式的团队合作，产生非凡的工作动力，并建立起高度的信任，同时大大降低了交易成本。低廉的交易成本又使得公司能在内外进行更多小规模的交易，并且有利可图，从而提高了公司的运营节奏和灵活性，而这些正是高绩效公司的典型特征（见图5-1）。

系统发展到一定规模，就能够自给自足。系统规模越大，在知识、语言及工作方式上共享的范围也就越广。个人声誉越好，受到的赞扬就会越多，工作的劲头也就越足。Linux的成功证明了这一良性循环的巨大作用，而丰田公司的成功则表明在传统公司中这一循环同样能产生巨大的作用。

图 5-1　社会化媒体也是一种商业模式

注：文化维度是区别于营销公关和商业模式以外的另一个维度。

资料来源：NOKIA Company.

协作的新模式

纵向协作

在理想的世界里，一线员工应该向上司提供改进工作的建议，而高管们应该向一线员工指明优先改进的领域。但是，这种情形很少出现。大多数组织都没有一线员工逐级向上进言的机制，即便个别公司有这样的机制，它们的进言体系也存在缺陷；而高管们也没有合适的机制与下属分享自己的愿景。对全球化公司来说，公司简讯和员工座谈会又过于缓慢且效率低下。为了解决这些问题，许多公司正在尝试使用"创意管理"软件工具。

IBM 组织了"创新大讨论"活动，鼓励所有员工去发现创新机会，从而加快了内部协作。2001 年至今，IBM 通过这种方式聚集了全球 30 万名员工和其他人员来探讨和解决一些问题。2003 年的"价值观大讨论"（Values Jam）使 IBM 员工在近 100 年内第一次有机会重新定义了公司的核心价值观。一年后，IBM 又通过一次大讨论使这些新的价值观落实到位。在一个分为两阶段的活动中，参加 2004 年"世界大讨论"（World Jam）的员工，首先对如何推动增长和创新进行了头脑风暴，产生了 191 个务实创意。在活动的第二阶段，员工评出了所有创意中的最佳创意，同时公司高层承诺实施排名最前的 35 个创意。这些创议包括精简运营流程，每年节约数千小时工作时间，简化业务部门之间的财务和销售流程等。在 IBM 的 2006 年大讨论中，公司召集了来自 104 个国家和 67 家客户公司的 15 万人。讨论的结果是，IBM 启动了 10 项新业务，投入的种子资金达到 1 亿美元。IBM 前首席执行官彭明盛（Sam Palmisano）在一篇新闻报道中表示："合作创新模式要求你必须相信员工、客户及创新网络其他成员的创造力和智慧。"〇

横向协作

即便同属一家母公司，不同子公司也会拥有各自的特点和目标。

〇　Brad Power. 用在线社群来改进流程 ［EB/OL］. 2011-06-14. http：//www. ebusinessreview. cn/articledetail-68171. html.

除非它们能消除这些差异，否则，要想彼此协作并为客户"做正确的事"几乎是不可能的。因此，最大的流程改进往往就是那些跨越了组织边界（也就是突破了组织"四面高墙"）的流程变革。

福特公司对全球产品开发流程进行了重组，这使得底特律分公司设计的工程方案也能推动欧洲工厂的运营。福特公司为此开展了大量的内部协作，完成了许多看似简单实则非常重要的事情，如建立设计部门和工厂之间的共同语言，制定共同的电子数据标准等。开发新技术，要比让管理层同意在各职能部门和各国运营分部应用新技术容易得多。福特公司让包括供应商在内的所有各方及时了解新产品开发进展。2004～2009年，福特公司的工具和工程周期时间缩短了50％，成本不断下降，而产品质量却不断提高。

全球协作

2010年年初，年销售收入达65亿美元的不干胶标签材料生产商艾利丹尼森公司发起了一项在线社群活动，以推动流程改进实践者加强协作，加快学习。公司的企业精益西格玛（Enterprise Lean Sigma，ELS）团队建立了名为"ELS部落"（ELS Nation）的社群，让员工在上面发布话题、问题、回帖和分享文件。公司领导层对这个社群给予了有力的支持，到2010年年底，社群成员已超过1 000人。这个在线社群大大促进了信息共享。例如，有人请求提供"Yokoten"（最佳实践分享）和"Moonshine"（快速原型制作）方面的信息，结果收到了63条回复；亚洲一位员工开发了标准工作软件，下载量达到了270次。"ELS部落"社群被认为是交流运营问题和寻求帮助的安全平台，并成为公司员工之间跨边界协作的典范。新兴的在线工具可以帮助公司创建在线社群，实现共同的目标：企业的成功（纵向协作）、端到端流程的成功（横向协作），或者流程改进实践者的成功（全球协作）。

这预示了流程改进的一种新的有效途径，一种不需要高层过多干预，不需要内外部咨询顾问参与的途径。

越来越多的人正走出办公室办公，需要开展团队合作的场合也日益增多，团队成员几乎可以毫无限制地汲取世界上任何地方的专家知识。他们得心应手地运用各种应用程序、数据和工具，跨越网络界限——与其他人共享相同的信息。他们根据工作需要，使用各种终端用户设备，以提高工作效率——令其自身及员工的工作幸福感大大提升。

过去 10 年间，年轻一代开始步入职场，相较于他们的父辈而言，他们要求更加多元化的工作氛围，渴望获得更大的挑战，期望自己的忠诚和付出能得到不同的回报。咨询界大师加里·哈梅尔（Gary Hamel）称这一代人为 "Facebook 一代"，其他人则冠之以 "千禧一代" 的头衔。成长于社交网络和移动技术蓬勃发展之际，这一代人习惯了公平和开放的环境，对他们而言，每个人都应得到聆听，每个人都应该积极参与。

世界最大的业务外包解决方案提供商之一的 ADP 参与研究的一项调研报告认为，⊖得益于技术的进步和社交网络的发展，领先企业正向更注重合作和移动的工作方式转变。他们基于授权（empowerment）和敬业度（engagement）的概念（这两大概念在过去 20 年间得到了广泛的探索）重塑企业，并开始领会这些概念与当前 "千禧一代" 正在发生的文化变迁之间的关系。

雇主日益认识到，对新一代职场人士要采用新的管理方式，赋予员工灵活性和自如沟通的权利。领导方式、绩效管理和人才发展均需

⊖ 美通社亚洲. 更多员工授权，更高敬业度，企业成功更容易 [EB/OL]. 2012-04-26. http://www.prnasia.com/story/60662-1.shtml.

适应新环境。

近年来，工作中合作的重要性成为管理文献关注的一大焦点。当前工作方式的移动性和弹性日益增强，这让合作面临着更大挑战，但是协作软件和社交网络的发展兴起也令合作变得更加方便。

这种合作不仅有利于增强创新和创意，促进虚拟团队成员之间进行更顺畅的沟通，对提升新兴"千禧一代"的敬业度也功不可没。个中缘由是显而易见的，合作是年轻人所习惯的工作方式。同时，他们也期望协作技术能够作为工作活动的一部分。

通过协作技术吸引人才

施耐德电气正在其拥有 15 000 名员工的主力销售和营销部门部署一项新社交网络工具，其主要原因之一便是在争夺年轻人才的战役中掌控优势。

施耐德电气是一家法国集团公司，在过去 8 年间，该公司通过收购实现了规模翻倍扩张，其主营业务也由生产和销售电气产品转变为为其他企业提供能源管理咨询（涉及绿色能源），同时也销售一些配套产品。因此，尽管公司依然设有制造工厂，但项目协作以及世界各地专家团队的创新的重要性正日益凸显。尤其重要的是，施耐德电气正计划在新兴经济体中大举扩张。

为支持公司的扩张态势，公司必须为员工提供一套跨越时空界限的信息和创意交流工具。另外，还必须解决收购前各个公司各自为战，多个系统并行的遗留问题。最后，招聘专业人才以保持与公司扩张同步也势在必行。

施耐德电气采用的新系统为这种协作型业务方式提供了支持，该系统在其后两年推广到所有员工。但是，该公司还希望这一系统能够提升其在就业市场上的竞争力。

施耐德电气员工敬业度和多元化部门的副总裁伊莎贝尔·米歇尔·马吉亚尔（Isabelle Michel-Magyar）说道："我们希望通过部署推广这种工作方式吸引并挽留尖端人才——另外，当前我们从事于为客户提供解决方案，只有通过合作才能对项目进行有效设计，单凭个人之力是无法完成的。因此，我们需要合适的协作工具，以提高公司的效率。"

"新系统是提高员工敬业度，包括新一代员工敬业度的强大引擎。在人才大战硝烟弥漫的今天，我们希望能够成为员工的首选公司。而随着公司的业务重心逐渐偏向于为客户提供解决方案，我们将需要更多的专业人才。采用协作技术将是吸引新员工的关键因素。"

施耐德电气企业社区管理部门负责人路易斯·皮埃尔·纪尧姆（Louis-Pierre Guillaume）补充道："新系统让员工可以分享最佳业务实践，从其他地区的解决方案中借鉴经验。因此，我们实现了多方面的节省，并提高了效率。我们知道员工会更多使用社交网络，通过分享提升自己的曝光度，从而在公司里获得更多升职机会。所以说，一个连接通畅的公司有助于获得职业发展。"

关闭电子邮件，实现更好协作

阿托斯因其对社交网络所采取的独特方式成为众所瞩目的焦点。其首席执行官蒂里·布雷顿（Thierry Breton）于 2011 年 3 月宣布，集团将取消所有内部邮件。布雷顿将邮件视为"污染"，并将其比作工业革命后的环境污染。

阿托斯是一家全球性 IT 服务公司，在七大洲 40 多个国家共拥有 74 000 名员工。是什么导致公司做出这一决策？集团人力资源部执行副总裁琼·玛丽·西蒙（Jean Marie Simon）坦言，阿托斯采取这一措施旨在实现提高工作效率，提高员工幸福指数和敬业度等多重目标。

西蒙解释道，集团 2009 年启动了一项"幸福工作"（Well Being at Work）项目，作为更广泛层面的公司转型项目的一部分，这一由人力资源部主导的项目开展了一项针对 25~35 岁的年轻员工的调查，询问他们有关工作环境、工作条件和期望的管理方式等与工作相关的各方面问题。

调查揭示，这些员工普遍认为邮件过载令他们苦不堪言，公司应减少邮件数量，使用更流行的技术进行沟通。西蒙称，"他们说，我们的做法与他们的工作方式格格不入。"

西蒙还是面对面沟通的忠实拥趸，他认为通过邮件沟通其害无穷。因此，目前取代邮件的一些做法是，鼓励员工回归传统沟通方式——拿起电话交流，或是穿过走廊去其他同事的办公室面谈。"如果你想祝贺某个人取得了骄人业绩，最好是走 40 米或 50 米，到他们的桌边直接表达祝贺。"西蒙说道。

然而，公司也期望员工使用视频和音频会议、社交网络和移动技术来实现交流和协作。互相之间保持密切联系，将文件放在便于其他同事获取的地方，召集会议和成立讨论小组等。阿托斯还鼓励员工使用 Office Communicator 等工具，并建立了一个社区平台，以便大家分享和记录各种观念，无论是创意、精益管理还是销售。最初的反馈表明，这些工具一经采用便将邮件减少了 10%~20%，从而让员工将更多时间花费在可带来增值的业务上，提高了工作效率。

阿托斯摒弃电子邮件，转而青睐社交网络和移动技术的第二大触发因素是为了提高工作效率。阿托斯认识到，经理们每周都要花上 5~20 个小时收发邮件，而这些时间本可更好地加以利用。西蒙说："我们想把经理们从邮件中解放出来，让他们把时间花在真正重要的事情上，比如说向客户交付我们的服务。"

最后，邮件爆满导致了系统的拥堵。"减少邮件，可以帮助员工节省存储空间，减轻电脑负担。"西蒙补充道。

阿托斯不会将邮件完全清除，在与外界沟通时，邮件还是要继续使用的。但是，越来越多的公司对阿托斯的做法表示出兴趣，并开始模仿。西蒙表示，其他公司表示出了极大的兴趣，也希望能通过引入社交网络和移动技术，提高工作效率并聚焦于核心业务和活动。

西蒙称，自宣布这一大胆创举一年以来，阿托斯通过在各个业务领域开展试点项目已将邮件使用率降低了15%～20%，提高了协作性和工作效率。2012年年初，该公司任命了一个全球项目经理，以期在整个集团全面部署该做法。西蒙相信，到2013年年底，内部邮件将从阿托斯的历史上完全消失。

打造"虚拟团队"

两年前，ADP集团做出一项提高工作弹性、鼓励移动化办公的明智决策，时至今日，在家办公已在ADP深深扎根。ADP希望优化办公空间，将节约下来的钱投资到产品、服务和销售之中。同时，随着越来越多的员工和潜在应聘者要求采用弹性办公方式，这一移动化政策也让ADP在人才大战中遥遥领先。

据ADP预测，在公司35 000名美国员工之中，约10 000名目前采用异地工作方式，而这其中又有6 000名员工在家工作。ADP集团雇主服务销售部人力资源副总裁吉尔·阿尔坦说，"尽管我们总是有员工在办公室之外工作，但如此大规模的异地办公对ADP来说也算是一种新现象。"她认为这一举措已实现了其主要目标。

此外，通过提供关键移动工具促进这一政策的实施，公司还获得了额外的益处，包括节省安置成本，通过鼓励使用全球协作工具召开虚拟会议减少差旅。另外，ADP 在社交网站上还树立了良好的声誉，令更多人了解到 ADP 是一家适宜工作的公司。

最近，ADP 对其"驻扎在家"的员工与在办公室上班的员工之间做了一项对比调查，结果显示，在家办公的员工与在办公室的员工工作效率相当，甚至是更高。"我们发现，办公室员工通常工作时长是固定的，而虚拟办公的员工则会投入更多时间到工作中。"阿尔坦表示。

"在家办公也有弊端，员工有时候会工作时间超长。我们鼓励在家办公的员工关注自己的工作时间。尽管效率很高，但也要注意不要把自己弄得筋疲力尽。我们为在家办公的经理和员工提供了培训，让他们树立起正确的期望，不要过犹不及。"

ADP 还有意识地采取措施，让在家办公的员工融入公司氛围，让他们感觉到自己与办公室员工享受同等地位。公司为在家办公的员工成立了一个支持小组，以保持他们与所在团队的联系，并确保其能参加社会活动。管理发展至关重要。阿尔坦称，70% 的经理或多或少都有几名下属采用虚拟工作方式。ADP 公司正在对经理们（不管其下属是在家办公还是在办公室办公）进行培训，确保团队之间保持沟通且经理们可以有效管理虚拟团队。她希望能确保职业和发展机遇是向所有人都是敞开的。

【案　例】

IBM 如何"去中心化"

成千上万的"IBM 人"是企业的代言人。对于一家曾位居世界 500 强第 14 位的企业来说，采用这种方式似乎有点不可思议。IBM 证明了其"去中心化"的社会化媒体策略是公司历史上有着里程碑意义的创举——这驱动了公司前所未有的集体协作和创新。IBM 让员工自由交谈——互相交谈和与公众交谈——公司不会干预。拥有像 IBM 那

样多元和自由的企业文化，使得员工之间互相协作和分享优秀的商业想法变得可能。⊖

"做你自己"，这是社会化媒体的原则之一。如果你在为企业写博客，或是在 Twitter 和 Facebook 上为企业做推广，一定要真诚，否则没有人会跟随你。那么，在维护企业品牌的时候，你是如何努力去实现"真诚的"呢？对于小企业来说，这是一件异常困难的事情。如果你是一家位列《商业周刊》全球最佳品牌榜第二位，在 170 个国家拥有将近 40 万雇员的企业，情况又会是怎样呢？

在 IBM，这意味着正在"失去控制"

"我们不需要一个企业博客，或者企业的 Twitter 账号，因为我们想让'IBM 人'汇集成企业博客和企业 Twitter 账号，"IBM 社会化媒体传播部门的亚当·克里斯腾森如此说道。

"在网络上，我们一直以来都是这样来展现品牌的，那就是让员工先行。通过员工和消费者的交流互动，我们的品牌在很大程度上已经改变了很多。"

使用社会化媒体概括：

- IBM 没有创建企业博客或者是 Twitter 账号；
- 拥有 17 000 个内部博客；
- 有 10 万雇员使用内部博客；
- 有 53 000 个会员活跃在 Socialblue（一个员工版的 Facebook）上；
- 有上千个"IBM 人"活跃在 Twitter 上；
- 拥有上千个外部博客；

⊖　译自 How IBM Uses Social Media to Spur Employee Innovation，作者 Casey Hibbard，译者 puting。

- 将近 20 万雇员在 LinkedIn 上；

- 有 50 万人次参与公司的众包（crowd-sourcing）项目；

- 有 5 万雇员在 Facebook 和 LinkedIn 的校友录上。

结果：

通过众包确定了 10 个最佳的商业孵化项目，IBM 凭借这些项目获得了 1 亿美元的投资；2008 年 IBM 总营收为 100 亿美元，毛利率为 44.1%。

有着 114 年历史的 IBM 似乎是全球企业界的"圣母"。众所周知，早在 1969 年，"阿波罗"号宇宙飞船载着三名宇航员首次登上了月球；随后，在 1981 年哥伦比亚号航天飞机又成功地飞上了太空。这两次历史性的太空飞行都凝聚着 IBM 无与伦比的智慧。IBM 目前仍然保持着拥有全世界最多专利公司的地位。

IBM 还证明了其"去中心化"的社会化媒体策略是公司历史上有着里程碑意义的创举——这驱动了公司前所未有的集体协作和创新。

不需要监管

IBM 确实制定了社会化媒体指导方针，这个由员工集体制定的指导方针阐述了这样的基本原则：每个 IBM 人都应为自己的言行负责，并且不能泄露 IBM 的商业秘密。不过指导方针文档没有提及品牌信息或者品牌价值。

IBM 也没有专门的部门来监管员工的社会化媒体活动。在公司层面上，只有三个人负责社会化媒体方面的职能，而监管却不属于他们的工作内容。

"我们不需要监管。社区在很大程度上是靠自律的，没有必要指派一个人巡查这些论坛和博客。"克里斯腾森这样说。"员工们靠自律……而且他们做得很好。"

17 000 个内部博客

"IBM 人"使用诸如 Twitter 和 Linkedin 作为外部活动工具，但很大程度上也使用 IBM 公司内部提供的工具。在公司内部，有 10 万员工在公司博客平台上注册，对 17 000 篇博客文章进行点评。

是什么在起作用？IBM 的企业文化为社会化媒体的创新和使用提供了沃土。

（1）退后一步。有指导方针，但不从公司层面去监管，员工们靠自律。

（2）让员工参与到社会化媒体计划的制订当中去。让员工自己制定指导方针，让他们感到自己是被公司授权的。

（3）为员工提供一些工具，并为其开绿灯。不是所有公司都能自己创建工具。寻找一些强大的社会化媒体工具，鼓励员工使用它们来更好地完成工作。

（4）利用集体的智慧（众包，crowdsourcing），把员工、客户、合作伙伴和朋友聚集在一起，分享点子。

在这个充满活力的论坛里，员工们交流思想，进行对话，推广他们的一些项目。

IBM 内部的 WiKi 服务就像一个信息中心，每天都有上百万的访问数。除此之外，公司的员工自创的媒体图书馆总计有 1 100 万的下载量。

IBM 有一个功能类似社会化书签网站 Delicious 的工具叫 Dogear，还有模仿 Twitter 的 Blue Twit。SocialBlue 则是和 Facebook 相类似的，帮助员工和前同事保持联系以及认识新同事。像 Facebook 一样，53 000 个准 SocialBlue 会员在上面分享图片和更新状态。

百家争鸣

如果浏览 IBM 的博客，你会发现有数不尽的"IBM 人"公开发表的很多博文，内容从以服务为导向的架构到向家庭销售。如果你想在IBM 上写博客，也非常地简单。IBM 以简洁的分类列出所有的博客，你可以按照博客用户名进行筛选。

他们分享的想法、点子、图片、视频等不胜枚举。在 2006 年，IBM 的 Mainframe blog 在 Youtube 上发布了一系列视频并链接回到这个博客。除此之外，估计有 20 万员工活跃在 Linkedin 上面，其中包括在Facebook 和 Linkedin 职员录上的 5 万名前员工。

集体的智慧

克里斯腾森把 IBM 的社会化媒体爆发和"company jams"联系起来。早在 2003 年，IBM 实施了第一个"jam"，像一只"jam 乐队"，整整三天的在线论坛把员工带到了一起。"这是一个非常大的在线协作尝试"，克里斯腾森说，"在最初的 8～10 个小时，气氛相当冷清，接下去的 12 个小时里，交谈完全改变，气氛也变得很积极。顺便说一下，公司没有做任何的干预，'hi，伙计们，我们积极一点吧'，这完全是员工们自己主导的。"

"我们意识到我们可以相信员工会积极参与进来。员工自己也意识到，如果他们是合乎情理的，他们将会是被信任的。"数月之后，IBM在内部开辟了博客平台。IBM 现在拥有更大更多元的群体——在某些情况是，可以说是拥有 50 万人数的大群体。

回报

IBM 投资创建自己的社会化媒体工具，这部分投资通过把部分社会化媒体工具变成 IBM 产品系列而获利。另外一部分投资则是员工的时间，据克里斯腾森说，这一点似乎不用担心。因为集体协作和知识共享使得 IBM 成为今天的蓝色巨人，在 2008 年，公司营业收入达到了1 036 亿美元，税前利润高达 167 亿美元。克里斯腾森说，到目前为止，IBM 还没有评价社会化媒体投资回报率方面的行动。

"我想如果你去询问任何一个 IBM 的资深主管，'让我们的员工变得更聪明有多重要'这样一个问题的时候，他们很自然地懂得这些社会化媒体工具能帮助他们做到这一点，"克里斯腾森说，"我很少认为，在吸引员工参与到这些领域的价值是难以谈及的。"

【相关阅读】

该书是继《长尾理论》之后的重要商业书籍，它回答了《长尾理论》遗留的一大悬念。在《长尾理论》中，作者详细阐述了长尾之所以成为可能的一个基础，但是没有详细解读，本书就是对这一悬念的详

《众包》

作者：(美) 杰夫·豪
著，牛文静译

出版社：中信出版社

细回答，在国际上引起了不小的轰动。"众包"这一概念也成为一个标准术语被商界广泛重视。

点评

众包：网络社会的社会生产

□ 价值中国网 CEO　林永青

这不只是一场互联网的变革，而是整个商业的变革；这也不只是一场商业的变革，而是整个社会的变革。简单地说，"众包就是社会生产"。众包的出现，始于开源软件。Linux 操作系统的开发证明，一群志趣相投的人能够创造出比诸如微软公司等商业巨头所能够生产的更好的产品。互联网的无限连通凸显了这一点：社区比公司能够更有效地组织起人才资源，一项工作的最好人选就是最想做这个工作的人；而评价一个人工作表现的

最好人选，就是他的朋友和同龄人。当然这些人必须有着极大的热情来持续改进这一产品——只要能创造出人人受益的美好事物，人们就觉得快乐，愿意贡献。那么，众包将来到底会有多普遍？"这个星球的上网人数已经超过10亿，这些人每天有2亿~6亿小时的空闲时间。"每一个公司，每一个企业家，以及每一个有好点子并知道如何将这个点子付诸实践的人，都有责任让林林总总的众包得以实现。

大规模的业余化："多样性打败超人能力"

这是一个"新媒体"时代——此媒体非彼媒体：由非专业人士创造内容。一个孩子制作的广告，与一个科学家在闲暇时尝试发明一种新的有机肥料本质上并无不同。相同的力量在发挥作用——廉价的生产成本，大量过剩且分散的天赋和创造力，由一群志同道合又充满激情的人组成的网络社区来从事生产。

群体智能是集体认知的一种形式，"蚁群行动起来就像是一个器官里的各个细胞，在蚁群中发挥作用的就是集体认知"，汤普森在《虚拟组织》中说。这也能在人类的选举中看到：上百万人的选择产生一个结果。自20世纪初，社会学、行为心理学和计算机科学的学者们都开始研究这一现象。互联网出现后，群体智能有了更大的应用。但"此大众非彼大众"，由于知识、能力和技术的大幅度提升，今天的业余工作者已经大大超越了昨天的专业人士。

众包通过三种形式应用群体智能。第一是预测市场。如预测总统竞选或奥斯卡最佳影片的获胜者，其功能很像证券市场。如，购买哪一种服务，接受哪一种教育，选择在哪一个行业里就业，企业要开发哪一种产品，当然也包括要购买哪一只股票……谷歌、微软、德意志银行等企业，都采用过预测市场的方式来帮助公司制定战略。市场比专家更胜一筹，麻省理工学院教授托马斯·马隆在《工作的未来》一书中解释："其实很简单，中心计划人员掌握的信息不如分散的销售人员掌握的那么多。"第二是解决问题。需要帮助的人将问题在网络上公布，问题就会被一些也许身份你都无法确定，但可能帮得上忙的人看到。"创新中心"就是一个这样的例子，它拥有分散在各地的 14 万名科学家，为世界 500 强公司解决棘手的研发问题。第三是汇集创意。这类似于网上论坛，只不过要花几周时间而非几个小时。"点子汇"和众包很像，只是前者对提交内容的要求更为开放。这些点子不是为了解决某个特定的问题，而是用于创新。并不是互联网实现了众包，它只是极大地改善了众包的效果。

众包植根于一个平等主义原则：每个人都拥有对别人有价值的知识或才华。众包作为桥梁将"我"和"他人"联系起来。每个人都拥有自己的特质，每个"我"都站在众包的中心，这不是人类最近 100 多年来商业社会的思维习惯。自然创造了人类个体的独特性，这种独特性存在于一大群人中时，就构成了多样化。学者和企业家还发现，个体的差异之和是一种无限强大的力量。17 世纪的哲学家蒙田说："世界上没有两个人的意见完全相同，正如两根头发、两个谷粒都不尽相同。"他辩称："我们唯一的共同之处就是我们全然不同。"网络时代，这更将成为常识和每个人的品牌价值。

虚拟组织既是公司，更是社区

管理大师德鲁克所认为的"下一个社会"，"既是一个知识社会，也是一个组织社会，因为只有通过组织化的实践，知识才能够产生效用。而且，这个知识社会中的企业更像一个社会化和网络化的非营利机构"。众包的实践验证了德鲁克 20 多年前的预见：其一，众包既是组织也是一种类学术机构。同样早在 1983 年，麻省理工学院的电脑专家理查德·斯托曼就决定一个人对盖茨开创的软件工业宣战，他还为黑客团体模糊的偏好下了"专业团体"的定义："这是伟大革命的第一枪，但在当时几乎没有人听到。"其二，就是组织更像一个个非政府组织和社区，而不是公司。

不要想当然地认为公司制就是人类最好的生产方式。管理大师查尔斯·汉迪也认为，"公司制不过是人类社会近150年来选择的一种生产方式"。就在撰写此文前一星期，笔者收到了IBM（中国）公司的一个会议邀请——这家全球最大规模传统企业的工作人员在电话的另一端问道："您企业目前的人员规模有多大？"我半玩笑半认真地回答："所有的网站社区参与者都是价值中国网的供应商，我们甚至将用户变成了企业股东，我们的规模比IBM更大。"

"当众包和互联网结合的时候，它的核心就不只是技术了。分工没有改变，只是更虚拟了。"组织的虚拟化，其实早就开始了。以往的一种组织虚拟化叫作"外包"——就是由企业将非核心的服务交由另一个企业来完成。而众包走得更远，甚至将核心业务交由组织外的个人或一个团体来完成。著名的例子就是VISA信用卡，这家世界最大的公司其实是一家虚拟企业。VISA的创始人及首席执行官迪伊·霍克，于1992年被美国《金钱》杂志评为"过去25年间最能改变人们生活方式的八大人物"之一。他非凡的商业思想使VISA成为一家由所有信用卡持有者共同拥有的虚拟企业。迪伊认为，商业和金钱并不是人们生活的全部，应当尽力地消除企业内部的等级制，企业要与用户共同经营和拥有，要建立商业生态系统，用东方的整体论而非西方的还原论来思考商业，研究虚拟组织中的复杂性科学等。不知是不是巧合，VISA公司成立于1969年，与互联网在同一年诞生。

消费者也不会在真空中创新，他们形成了"用户创新社区"。社区有一个重要功能：为志同道合的人们提供社交场所。但用户之所以能在社区中更好地创新，最重要的原因是社区的架构为创新者提供了很多有利条件：创新者可以通过即时通信、电子邮件以及网上论坛互相交流、互相协作；工作中，社区成员利用工具改进、评估、整合工作，而这些工具大多数也是他们自己开发的。这就像互相协作的各种社会团体或合作公司，为了让社区更有效率，成员们要遵守一个公认的社交规则：免费公开自己的创新内容，改进他人的创新内容，放弃相应的私人利益。

社会生产的更多推动力

从一个更宽的视野，我也尝试着用几十个关键字描述一下我们已经置身其中的2.0网络世界和网络社会：个人品牌、微媒体、隐性知识、知识管理、数字移民和数字原住民、个人的全球化、"平"的世界、去中心化、用户创造价值、产销一体、长尾效应、维基经济、P2P、社会生产、无市场经济、数据为王、商业生态系统、无时间的空间、无空间的时间、虚拟现实、虚拟企业、跨平台工作流、开放的社会化、市场即对话、语义网络、云计算、无处不在的移动、六度空间、小世界理论、社会信任、社会资本、文化认同、商业和政治民主、网络社会……

任何人希望用几千个字来全面描述该书内容的任何努力，都将是挂一漏万的。去认真阅读和享受《众包》吧，它帮助你预测市场和投资未来，同时也描绘了新社会生产和新商业的完整画卷。

拆掉企业"围墙"

在新的规则下，市场营销和公共关系已经不应
当再是两个各自独立、老死不相往来或者彼此争风
吃醋的部门。

社会化媒体所促成的企业外部环境的变化，必然会导致企业内部
的相应反响。未来企业的组织架构将如何调整？是加强原有相关部门
的力量，还是实现现有各部门的联合行动，抑或是重新建构新的部
门？目前看，以涉及社会化媒体管理链条的相关职能部门派出人员
组成新的机构，是一些企业的主要做法；而从长远看，原有部门管
理架构调整不可避免，建立更为灵活、有效的部门机制成为一种必
然，但随之而来的则是包括人事管理、绩效评估在内的一系列规章
制度的连锁调整，而如何把握稳定性与灵活性的平衡，对于企业而
言也并不轻松。

谁来负责社会化媒体

客户体验解决方案供应商 Genesys 于不久前公布了由经济学人智库
（EIU）所做的一份名为"与客户更接近"的调查报告。⊖该项全球性的
研究调查了全世界 798 位高级主管，发现 58% 的高层受访者认为 CEO

⊖ 腾讯科技. 报告称高管不确定新客户沟通渠道的责任归属 [EB/OL]. 2012-06-
06. http://tech.qq.com/a/20120606/000382.html.

对新的客户沟通渠道负责，比如社会化媒体和移动通信。然而，28%的中层管理人员同意其上级的评估，38%的非高管认为营销部门在这方面负最终责任。

关键事实

- 58%的高层管理者认为 CEO 对社会化媒体和移动渠道负责，但只有28%的中层管理人员同意。顶层和中层管理人员之间的脱节可以由社会化媒体的新要素来解释。

- 当涉及推进客户对话时，是营销部门而不是客户服务部门或高层推动对新渠道的响应，有44%的管理人员表示营销部门主导公司和客户之间的对话。

- 该报告还发现，43%的企业在2011年才开始使用社会化媒体，只有11%的企业使用社会化媒体与客户沟通达到三年或三年以上的时间。

- 客户服务还未在新的沟通渠道上获得优先考虑。只有42%的企业使用呼叫中心与客户进行沟通，只有6%的企业把客户支持/服务作为新沟通渠道的主要目的。

额外的有趣发现

- 后起之秀——多数企业认识到对社会化媒体最熟练和经验丰富的员工不是中年高层，而是走出大学校门时间不长的年轻员工。事实上，60%已建立新的沟通战略的公司让30岁以下的员工负责新媒体渠道。

- 停留在 Web 1.0 时代——只有48%的企业使用社会化媒体和社会化网站与客户进行沟通，只有20%企业使用移动渠道，而多数企业继续依靠公司网站（90%）和电子邮件（88%）。

- 人多反误事——任命一个人而不是一个团队来管理所有沟通问

题的公司比较成功。33%的公司高管已经任命了一个团队来管理社会化媒体/移动渠道，他们认为接触这些渠道的团队之间有脱节。而任命一个人来单独管理新渠道的机构，只有9%认为有相同的脱节。

"随着移动设备和诸如Facebook、Twitter等社会化媒体的普及，令人担忧的是，许多企业是迟来的参与者，并没有明确指派这些渠道的职责。"Genesys总裁兼首席执行官保罗·塞格雷表示，"当公司在越来越多的沟通渠道上提供一流客户体验的需求时，他们的品牌最终会处在危险中。提供卓越的客户体验需要一个新兴移动渠道和社会化渠道的全面战略，包括如何调整和整合现有渠道，跨越市场营销和客户服务部门。"

"社会化媒体的迅速普及和移动通信市场的巨大增长两者齐头并进，但企业似乎过于注重于把社会化媒体作为一种非凡的力量，而并没有抓住这两种趋势是如何相互联系的。"《经济学人》副总编辑安娜贝尔·赛明顿表示。

"消费者现在拥有品牌。"国际金融集团花旗银行社会化媒体高级副总裁弗兰克·艾里森就该报告接受采访时说，"他们告诉彼此在想什么，而他们在想什么往往是消极的。企业过去没有把客户体验作为一个关键的管理层问题。现在，他们正为此付出代价。"

"现在更容易和客户取得联系，并形成一个持续的对话。"戴尔公司社会化媒体和社区主管理查德本·哈默就该报告接受采访时表示，"这些更密切的关系将增加顾客的忠诚度、购买的可能性和平均花费。"

"管理层仍然认为媒体是他们所控制的。实际上，他们不明白新媒体的恒定本质。"美国加州大学河滨分校加里安德森管理学院市场营销专业的教授唐娜·霍夫曼表示，"它需要人们不断地监测、响应、传达一致的信息和分析数据。人们觉得任命一个小团队来照顾社会化媒体，然后处理情况。事实并非如此。"

组织架构：固守还是调整

　　谁在掌控社会化媒体？就目前而言，大多数企业社会化媒体的运作是由一个部门主导的。但随着时间的推移，社会化媒体将会拓展至任何商业部门或受外界影响部门的职能。当被问到目前哪一部门主要参与社会化媒体工作时，90%的受访者指向了市场营销部，公关部门以64%位居其次，46%的受访者提到了销售部门，另有39%提到了客户服务部门。⊖而在《哈佛商业评论》的调研数据中，多达14个以上的部门参与到社会化媒体的过程中，市场、传播、公关、网络团队占到了前四位。⊜

　　为适应快速变化的市场环境，企业的不同职能部门将日益融合，企业内部的科层界限和职能、业务界限日益模糊，从而更强调企业内部各群体目标的协作与配合，团队精神成为企业活力的源泉。戴尔公司或许可以给更多企业一些启示。《福布斯》报道，戴尔公司新建了"社会化媒体检测指挥中心"，对大量对话进行过滤，决定每条评论、Twitter消息或Facebook更新的性质，并专设"社交公关服务"团队，随后视情况做出回应，让面向客户的关键员工可共同使用社交媒体工作。

　　企业的组织结构需要更加灵活地对市场做出反应，更能感知并对

　　⊖ Brian Solis. Pivot Conference 报告：各品牌重视且渴求"社会化消费者"［EB/OL］. Lexie Liang，译. http：//www. socialbeta. cn/articles/brands-pursue-the-social-consumer. html.
　　⊜ 唐兴通 .《哈佛商业评论》的社会化媒体报告分享［EB/OL］. http：// qing. weibo. com/tj/6f554c1f330008j4. html.

应市场变化。原来承担上下级层次间信息沟通联络的中间环节——中间管理层将日益减少；内部分工和由内部分工带来的控制和反控制、协调与反协调的内耗将被扬弃，从而创造最短的信息流。这种组织结构意味着员工素质大大提高，他们逐步养成独立处理问题的管理能力；也意味着组织的分权趋势，组织成员可以在自己的职责范围内直接处理事务。

拥有较多资源的大型企业组织或机构经过 2011 年对社交媒体的运营，开始考虑建立统一的企业社交媒体治理中心（social media center of excellence）。但由于经验、标准都不足，这些治理中心团队暂时只会将重心放在以企业的名义连接外部社交媒体上，对内部员工的连接和员工在社交网络上的行为规范和引导，还需要假以时日才能实现。

社会化企业的重心还是在外部社交媒体，但企业内员工的社会化协作开始出现。更多早期介入社交媒体的企业会逐渐意识到，连接员工和连接客户需要做的事情基本相同，不同的只是受众。它们会将目光转向企业内部，先连接员工，再连接客户，让整个组织的文化和流程向着更加有利于社会化的方向发展。这些企业会率先摆脱社会化市场代理公司的局限，解放和发动员工，利用更实用的企业级社会化商业软件工具系统性地建立社会化企业。

作为企业，已经无法从容地向每一个利益相关者单独、封闭地传达某些示好的信息而置其他于不顾，在错综复杂且需求各异的利益相关者面前，如何传达相同的声音成为真正的挑战。所以，建立面向所有利益相关者、系统化的沟通机制势在必行。

随着企业社交技术的约束减少，员工、供应商和客户之间的界限将模糊，更多员工团队将能够实现组织化，数据驱动决策的重要性将提高。

授权成为关键节点

不管社会化媒体的时代是否到来，其实企业的组织结构势必会由传统的金字塔集权制改变为分权的横向网络型组织结构。

企业如何变得敏捷呢？答案来自于颠倒（bottom-up）。层级体制应当让位于自组织。这意味着，原本来自上层的命令与决策，将由被授权的个体团队所完成。这并不意味着混乱和无序，也不全然意味着计划编制的缺失。实际上，这意味着使目标全局化，执行局部化。企业内部的每个团队都必须拥有工具、激励以及最大限度的代理权。

建设成功企业的关键是交流。几乎所有情形下，企业结构都会造成一种阻碍人们办事的界限。一切都依赖于管理层，信息皆从那里开始传达。这是信息传播的最坏方式，因为重要细节都被忽略了。便捷的方法是促使经理人员开启直接交流，允许人们之间进行必要的有益交流。

广泛而言，社会化工具需要具备安全分级功能。这种分级应确保那些信息只能由被授权者看到，也只能由相应人员在整个企业范围内使用整套工具。以苹果为例，该公司对它的计划十分保密，这能为它带来竞争性优势吗？答案似乎是肯定的。博客和开放社会化工具的引进会如何影响到隐私呢？可能将有更多的漏洞出现。通过人际网络，信息能以令人惊异的方式找到出口。接下来的挑战是如何制定一系列的方针与规则，以确保没有机密信息被泄露，这可不简单。

我们正进入预言家们很多年前所描绘的未来。由于新一代人的出现，知识型员工、信息流通的变化以及社会压力的增加，组织和人的关系正发生变化，组织的结构正发生变化，组织和社会的关系也在发生变化。其实，这三种变化都可以归结为"人"的变化。在组织中，人的角色变得越来越自由（组织和人），人一起工作的方式发生变化（组织的结构），人在组织和社会间飘移（组织和社会）。

流程需要重新再造

麦肯锡全球研究院对组织使用社交工具和技术的第五个年度（2012年）调查显示，这些工具和技术越来越多地渗入组织，改变了它们的业务流程，提高了绩效。⊖

企业正在完善社交技术的掌握水平，以提升运营效率和开拓新的市场机会，这是本次调查的关键发现。麦肯锡对4 200多名全球高管开展了企业如何应用社交工具和技术以及带来哪些收益的调查。高管们声称，在各种新型的联网型企业中，大规模应用并融入员工的工作流程后，社交技术可以提升企业的财务业绩和扩大市场份额，这再一次证实了2011年的调查结果。

但这是一个瞬息万变的环境。社交技术的收益有时并不能够持续，或许需要花费很多精力才能实现规模化效益。受访者指出，一些企业因为获得的收益较小，就减少了联网。只有小部分企业学会了应用这些技术，增强了网络化程度，提高了灵敏度和应对组织的复杂性。许多人认为，如果社交技术使用障碍消失，可以形成新的业务流程的核心，从而实现绩效的根本改善。

麦肯锡调查当前和未来将社交技术用于一系列业务流程的问题，企业表示采用这些工具对外部环境进行扫描以产生新点子的人数最多。此外，受访者还称，具体类型的业务流程更适用不同的技术。具体而

⊖　Jacques Bughin, Angela Hung Byers, Michael Chui. 社交技术下的自我扩张［J/OL］. 麦肯锡季刊, 2012-01-04. http：//www. gemag. com. cn/html/2012/business_0104/ 28073. html.

言，社交网络和博客用于采集竞争情报和为营销活动提供支持等侧重外部流程的频率最高。

受访者预计，社交技术将改变组织当前的许多流程。此外，许多人认为，如果使用障碍（如文化障碍）得以消除，可能产生全新的流程。全面联网型组织最有可能发生更大的流程变革。他们认为社交技术将使企业采用全新流程，并且如果所有约束被消除的话，企业会变得更加积极（见图6-1）。持此种观点的人数超过其他群体。

■ 企业通过使用Web 2.0技术获得某些具体基业的受访者所占的百分比①
■ 所获得改善的中值（百分比）

内部用途 n=1 598	百分比	中值	与客户有关的用途 n=1 708	百分比	中值	与外部合作伙伴/供应商协作 n=1 088	百分比	中值
提高了获取知道的速度	77	30	提高了营销效力	63		加快了获取知识的速度	57	20
降低了通信成本	60	10	知名度		20	降低了通信成本	53	15
提高了与内部专家接触的速度	52	30	考虑人选的概率		15	提高了供应商，合作伙伴，外部专家的满意度	45	20
降低了差旅成本	44	20	转化率		10	加快了与外部专家接触的速度	40	25
提高了员工满意度	41	20	忠诚度		10	降低了差旅成本	38	20
降低了运营成本	40	10	提高了客户满意度	50	18	缩短了产品/服务的上市时间	28	20
缩短了产品/服务的上市时间	29	20	降低了营销成本	45	15	降低了供应链成本	22	10
增加了新产品或新服务的创新数量	28	20	降低了支持成本	35	10	降低了产品开发成本	22	15
增加了收入	18	15	降低了差旅成本	29	20	增加了新产品/新服务的成功创新数量	20	15
			缩短了产品/服务的上市时间	26	15	增加了收入	16	11
			增加了新产品或新服务的成功创新数量	24	15			
			增加了收入	24	10			

图6-1　Web 2.0为企业带来的可以量化的商业好处

① 包括至少使用1种Web 2.0技术的受访者。

资料来源：麦肯锡季刊。

展望未来3~5年，许多受访者预计组织将发生更深远的变化。随着企业社交技术的约束减少，员工、供应商和客户之间的界限将模糊，更多员工团队将能够实现组织化，数据驱动决策的重要性将提高。调查显示，全面联网型组织将继续实现竞争力收益和绩效改善。企业高管应该对社交技术如何通过帮助企业巩固与客户和供应商的关系，从而为业务流程提供支持进行战略思考。调查结果显示，将社交技术融入工作流程并优化内部流程，能为企业带来额外的竞争优势。

社会化媒体改写组织管理

曾担任强生公司沟通主管的比尔·拉尔森说："强生公司是一个意见统一的管理机构，有着一种关于如何管理企业的共同理解的文化，而不是一种精心设计的规则文化。"[⊖]逐渐形成共识——而不是将某人的正式权威和引发的规则强加于人——这甚至是强生公司最高层工作方式的特点。除了形成这种统一意见的文化，强生公司还有一套它非常重视的分散结构。分散化在强生公司是个非常重要的价值标准，以至于它被写入了关于公司战略方向的极其少见的书面声明中，并作为生产效率和革新观念的重要来源而受到高度重视。

与此同时，为了适应快速变化的市场环境，企业的不同职能部门日益融合，企业内部的科层界限和职能、业务界限日益模糊，从而更强调企业内部各群体目标的协作与配合，团队精神成为企业活力的源泉。

对于社会化媒体而言，未来将由哪些部门承担这一责任？是加强原有相关部门的力量，还是实现现有各部门的联合行动，抑或是重新

⊖ 保罗·阿根狄，等. 企业沟通的威力［M］. 李玲，译. 北京：中国财政经济出版社，2004.

建构新的部门，这对企业已有的组织架构提出了挑战。目前看，以涉及社会化媒体管理链条的相关职能部门派出人员组成新的机构是一些企业的主要做法；而从长远看，原有部门管理架构调整不可避免，建立更为灵活、有效的部门机制成为一种必然，但随之而来的则是包括人事管理、绩效评估在内的一系列规章制度的连锁调整。

历史证明，在管理沟通的各个发展阶段，不同的组织形式对于沟通的走向及类型具备较强的塑造作用。在"科学管理"时代，泰勒式的职能工长制、埃莫森的直线组织等构建了以下行沟通为主的沟通方式；而在"行为科学"盛行的时代，协作系统等观点的提出使横向沟通和人际沟通成为主要的沟通类型，并伴随了非正式组织沟通和文化沟通研究的深入；而在现代信息和网络技术突飞猛进的条件下，组织系统的建构更关注其开放性特征。而新的管理沟通概念则强调，组织结构与管理制度及其相应体制等的设计和安排，必须以有利于组织特定管理沟通为考虑的基点，使其成为便于组织有效沟通的形式和保障。

面对海量信息需要高效处理的挑战，面对"碎片化"个体生存的受众满足所带来的跨部门的协同合作，原有组织架构的调整与重新适应势不可当，无论对组织运营抑或是人力资源管理都将面临可能带来的阵痛。但如何转变是需要十分慎重的，其目标直指更为灵活、高效、快速反应以及协调有序。

许多人认为，受社交媒体和实时内容影响最大的是公共关系。2010年，许多公共关系团队和机构都提供了更为周密的实时公共关系解决方案，同时客服也走向前台，不再仅仅是一个服务现存客户的工具，而是一个巨大的强有力的营销渠道。目前戴尔公司在中国的社会化媒体营销也是一个跨部门的团队在合作，成员包括企业传播部、市场部、技术支持部、客户服务部和销售部。中国团队中既有非常懂技术的工程师，也有熟悉媒体运作的市场营销人员。其他像诺基亚公司市场部和公关部的整合，凡客诚品公司新的应对社会化媒体的"试错"部门的建立，都意味着组织架构的变革势在必行。

几乎所有的公司都将员工按照层级关系组织起来，然后运行那些众所周知的管理流程（规划、预算、人员配备、评估等）。我们见过太多的层级结构图（无数由字母和箭头组成、排列成倒金字塔形状的方框），参加过太多的预算、规划和解决问题的会议，所以我们都将这一切视为理所当然，好像它们自古以来就是这样，但事实并非如此。

我们今天看到的层级组织诞生于 20 世纪，是一项妙不可言的发明。它可以跨越数千英里，对制造和销售数千种产品或服务的数千名员工进行指导和协调，一周连着一周，既高效又能创造利润。如果你在 1900 年告诉某个普通人，这种结构和那一套套流程在今天世界各地创造了多么辉煌的成就，他一定会认为你疯了。

但是 20 世纪的层级结构（一种硬件）以及在其中运行的管理流程（一种软件）却没能很好地应对变革。在一个日新月异、瞬息万变的世界里，如果不能及时变革，就不可能实现发展。这方面的数据、案例研究和个人轶闻比比皆是。

无论从理论还是实践层面上看，层级结构（及其管理流程）是与变革唱对台戏的。它极力在当前的运作模式中消除异常，使流程标准化，解决短期问题，分秒必争地提高效率。

从某种意义上说，层级结构及其管理流程的最高成就，就是实现企业运作的自动化，每个员工就像一个齿轮，在一台运行稳定、不会思考、可以预测的机器上飞速旋转。正因为如此，层级结构会忽视实施变革的新机会，因为这些机会有悖于其维护与优化的核心目标。例如，如果某家大型电脑制造商着眼于本季度盈利目标，那么平板电脑的商机对其层级结构来说，更多的是一种干扰，而不是机会。

但这并不是说在层级结构中连中小规模的变革都不可能实施。事实上，许多批评家指出，变革管理流程、改善举措等，恰恰证明了层级结构也能实施变革。但这里指的是更大的事情：大规模的组织变革，如公司重新设计整个业务模式，实现 10 年里最重要的战略目标，或改变公司的产品组合。没有证据表明层级结构能够实施这样的变革，更不用说有效推动变革了。

所有这一切让我们相信，未来的成功组织将有两种组织结构：层级结构，以及更注重团队协作、人人平等、随机应变的网络结构。两者都经过精心设计，并且目的明确。在优化工作方面，层级结构的重要性一如既往，但网络结构才是重大变革的发生地。它使公司更容易发现重大机遇，然后通过自我变革抓住这些机遇。

对网络结构的设想是，各个部门和各个层级派出代表，构建一个由团队组成的系统，在这个系统中，所有代表卸下正式的头衔，加入一个彻底反层级化的论坛。这一系统会感知各种环境变化，并做出反应，从而建立起越来越多的团队，团队成员会主动去承担大规模变革中的各个独立部分。有了这种网络结构，组织就能发现潜在的机会和变化，培养并保持对未来各种可能性的紧迫意识，制定整个组织的变革战略，发现和扫清障碍，并最终实现变革。

企业社会化商业变革的 15 个现象

组织：

（1）组织领导层开始对各职能部门强制性要求产生相互合作，并且，各地区分公司之间，各产品部门之间以及各个渠道伙伴之间的联系与沟通变得愈发频繁。

（2）CEO 或执行团队开始越来越多地交流关于社会化媒体新技术方面的话题，并且大力鼓励内部员工运用社会化媒体进行内外交流。

（3）组织内部开始逐渐形成社会化媒体"运营中心"专业团队。

（4）组织经常性地与全球团队及其他职能部门之间交流各自的经验，部门与部门之间的关系变得越发紧密与通力协作。

（5）社会化行为在员工的日常工作中无所不在。

（6）社会化媒体营销成为企业组织整体营销中至关重要的一个环节，并且与整体的运营执行、IT事业及财务事务紧密相关联。

（7）人事部门正式将社会化营销纳入工作职能中，员工需要对此工作担当一定职责。

流程：

（8）关于社会化媒体运营事务的管理模式开始形成，并且在组织内正式发布，促进员工之间对此的相互交流，同时，为所有新老员工进行社会化媒体运营相关工作的正式培训。

（9）社会化媒体运营规范与相关指导规章由组织的高级管理层与员工层双方共同参与完成。

（10）组织内部关于社会化媒体营销框架达成一致性意见，并且在组织内部与外部切实贯彻实行。

（11）专门针对社会化媒体事务中消费者意见的收集、过滤工作设置规范化的行使流程，并且要使所有收集过滤的消费者意见能够影响到达产品开发部门。

技术：

（12）组织内成立了内部员工社区和协作系统，并且在各个事业部门中贯彻运行，包括销售部门、营销部门、客户服务部门、供应链管理部门等。

（13）越来越多的组织内协作发生在内部社区之中，并且多于相互之间的电子邮件沟通。

（14）组织开始大力着眼于社会化客户关系管理能力、应用能力的提升，并且整套系统的建立成为所有组织工作的重中之重。

（15）IT 部门在接受社会化媒体营销相关工作的专门培训和了解应用之后，开始大幅度地放松组织内网络的防火墙设置。

资料来源：http://smartblogs.com/socialmedia/2011/05/31/15-indicators-of-social-business-transformation/.

【案　例】

中粮集团：驱动业务变革

中粮集团有限公司（简称中粮）成立于 1952 年，是一家集贸易、实业、金融、信息、服务和科研为一体的大型企业集团，横跨农产品、食品、酒店、地产等众多领域。1994 年以来，一直名列美国《财富》杂志全球企业 500 强。在从 B2B 经营类型向 B2C 转化过程中，作为传统行业的知名国企却在社会化媒体领域取得了令人瞩目的成绩。

作为中粮集团首个果蔬汁品牌，悦活在 2008 年年底上市，目标群定位于都市白领：他们向往乐活生活，年龄在 25～40 岁，受教育程度高，偏年轻，对生活追求健康，对产品要求自然。但是受客观经济环境影响，悦活没有像传统快消品那样选择在电视媒体上进行广告的密集轰炸，而是独辟蹊径，将目标指向互联网。在网络平台的选择上，悦活在寻找三个交集：目标消费群体和网络用户群体的交集；品牌主张和网络生活形态的交集；产品概念和网络技术概念的交集。

2009 年 2 月，开心网花园组件的问世让中粮找到了营销悦活品牌的出口。开心网的用户大多是在城市上班的白领，他们在开心网追寻虚拟世界中的快乐生活主张和悦活倡导的生活主张不谋而合。而开心网花园插件中"自然种植收获"的游戏又给悦活果蔬汁提供了现有的平台。但此时中粮却选择继续等待。开心网花园组件问世之初，人气一路飙升，用户在上面享受种地、收获、偷菜的乐趣。但两个月后，大部分用户已经升到最高级别，没有兴趣继续种植。一些社区论坛上出现了"你最可能因为什么厌倦开心网花园游戏"的投票，多数用户都选择"没有新作物"和"钱多了就变成数字，没有意义"，用户对花园插件的黏性正在减弱——悦活品牌终于等到了植入开心花园的最佳时机。

2009 年 5 月 16 日，"悦活种植大赛"正式上线。用户直接在果园界面的道具商店内领取悦活产地场景卡，安装后再到种子商店中购买悦活种子，播种后即开始参赛。在开心网花园的悦活种子代表了悦活品牌的 5 个产品品种：红色 5 + 5、橙色 5 + 5、悦活石榴、悦活番茄、悦活橙子。通过果实饱满的形象表现以及开心网花园场景卡，悦活新鲜自然无添加的产品概念被巧妙植入。游戏中网友不但可以选购和种植"悦活果种子"，还可以将成熟的悦活果榨成悦活果汁，并将虚拟果汁赠送给好友。游戏中还设置了这样一个环节：每周从赠送过虚拟果汁的用户中随机抽取若干名，获得真实果汁赠送权。把虚拟变成现实，开心网又玩出了新花样。

活动刚上线便受到追捧，截至 2009 年 5 月底，加入悦活粉丝群的用户已经超过 40 万，线下赠送悦活礼盒达 5 000 多套。同时，线上的活动也带动了线下的销售。很多消费者在购买果汁时就能说出产地，这是因为游戏中设置了 4 个产地场景卡，代表了悦活果蔬汁的原料产地。不同的场景卡能让游戏中的果实提前成熟，用户因此对悦活产品的产地印象深刻。

同时，悦活把其倡导的简单、健康而自然的生活方式赋予了一个虚拟的"悦活女孩"，并在开心网建立了悦活粉丝群，用户可以和"悦活女孩"共同分享、探讨生活中的种种。

仅仅两个月的时间，参与悦活种植大赛的人数达到 2 280 万，悦活粉丝群的数量达到 58 万，游戏中送出虚拟果汁达 1.2 亿次。根据斯戴咨询公司调研报告，悦活的品牌提及率短短两个月从零提高到了 50% 多，而消费者对悦活的购买兴趣则已经仅次于汇源的果汁产品。开心网上的虚拟果汁受追捧，带动了线下真实产品的热销，尽管一瓶 280 毫升的悦活果汁标价 5.8 元，但仍有大批消费者追捧，中粮旗下的悦活果汁在一个月内销售业绩提升了 30%。

　　2009 年，中粮集团启动了"全产业链"品牌战役，也是从那一年起，"产业链好产品让生活更美好"这句话随着户外、平面、电视广告、终端促销、路演和社区活动，走到消费者身边，同时将中粮创新的、负责任的、富有亲和力的品牌形象传达给消费者。2010 年，中粮集团原创开发的首款网络互动游戏于 1 月上线，将旗下的主打粮油产品植入游戏之中，将每一款产品从最初的田间种植到工厂加工、仓储、运输，乃至最终到餐桌的一条产业链的完整过程融入其中，希望以寓教于乐的方式传递中粮品牌理念和产品信息。这款游戏充分利用了 MSN 平台，同时融入了社交游戏的元素。这款基于 MSN 平台的网络互动游戏中，玩的全都是中粮集团旗下产品，玩家可以选择水稻、玉米、葡萄、小麦、可可中的任一作物，从种子培育开始，经过种植、仓储、运输等环节，最终生产出大米、玉米油等终端产品。玩家除了自己玩之外，还可以邀请同事朋友参加，接受邀请并且能够完成全部游戏环节的人越多，获得的奖品也就越丰厚，中粮集团宣称准备了上百万元的奖品，主要是中粮集团的粮油产品。"中粮生产队"是中粮对于社会化媒体营销的第一次试水，而结果也确实让人惊喜，截至活动结束，中粮拥有 260 万"生产队长"，参与用户达 1 079 万人。这在中国的广告史、传播史上，无疑是一个近乎里程碑式的成就。

　　虽然有了"中粮生产队"的成功经验，2010 年上半年，当其他世博会合作伙伴启动自身的世博营销战役时，作为世博会高级赞助商的中粮面对新浪微博，仍然倍感压力。从某种意义上说，品牌传播和用户体验并不冲突，关键是要找到连接二者的平衡木。中粮的"平衡木"是内容：用中粮倡导的"美好生活"为内容引发用户进行微博话题参与。于是，活动主题被定为"链上美好生活"，中粮通过话题设置的方式，在新浪微博上将"美好生活"细化为过去、现在、未来三个时态下，与消费者息息相关的多个"美好"话题。包括你忘记不了的童年游戏，记忆中的味道，今晚吃什么，分享你的假期，给未来的自己说一段话，还有你生活中发现的中粮产品，美好的世博之旅图片等。而通过中粮的官方微博账号"中粮美好生活"对用户分享内容的即时回复——赠送有着子品牌信息的粮票，中粮旗下的各个子品牌进行了统一的新鲜亮相。在消费者心中建立美好与中粮的关联，并不是中粮单方面宣传所能实现的，需要消费者的主动配合和感知。但现实的情况是，消费者不断被动接受大量信息，主动去发现、创造、欣赏的眼光被海量的信息淹没了。那么，每周一个"美好"话题是否能够引起用户的兴趣，让他们自主自发地分享美好，便成了决定整个活动成败的重中之重。在过去、现在、未来三个阶段的活动中，各个年龄段的人分享对同一件事的不同看法，分享他们生活中的美好，而这些美好的细节，如果没有这个活动，可能他们根本就不会再想起了。那种发自人们内心的美好和善意，让我们看到活动背后的深层次社会意义。

项目从策划到执行，历时 7 个月，横跨春夏秋三季，直接参与活动的用户 506 万，用户主动发送活动相关微博超过 1 000 万条。活动的官方微博账号"中粮美好生活"粉丝数超过 24 万，是活动期间粉丝数最多、上升速度最快的企业微博。截止 2010 年 12 月初，"美好生活@中粮"项目连续获得"2009～2010 年中国最具影响力网络广告作品奖"、"2010 年中国创新营销案例特别奖"。

而作为中粮集团旗下的专业食品类 B2C 网站——中粮我买网在上线运营一年多的时间里，也充分运用互动营销进行推广。在中国举办大型体育赛事的历史上，广州亚运会还是首次与微博社交新媒体实现如此深度的融合，微博带给亚运会的效应也是多方面。在 2010 年 11

月 11 日~12 月 5 日举行的"爱拼亚运会拼字得大奖"游戏中，网友们只需找到游戏页面，将运动词汇全部拼写准确，即可以获得一个抽奖礼盒，还有机会获得我买冠军礼包盒。参与游戏的用户同时在"爱拼亚运会"微博、手机客户端、活动站三个平台，从多种环节分享广州亚运会的激情，刺激参与用户主动传播"拼字赢美食、吃喝玩乐看亚运"的活动理念。这次活动直接拉动了我买网的有效注册用户量，有效增加了粉丝数量及活跃度，也进一步提升了中粮我买网的品牌知名度。

【相关阅读】

该书揭示了网络技术如何改变营销和公关的规则，详细介绍了各种不同的在线媒体，包括博客、播客、在线论坛、社交网络等，并对如何在实际工作中应用这些营销、公关新规则

《新规则——用社会化媒体做营销和公关》

作者：（美）斯科特著，赵俐等译

出版社：机械工业出版社

给出了具体的指导。书中列举了 50 个网上成功营销和公关的案例典范，汇总了这些创新型营销者的见解和理念，教会读者如何利用社会媒体工具建立"思想领袖"地位，从而成功进行营销和公关。

点 评

新行当："MR"（市场关系）部门

□央视《今日观察》评论员 刘戈

在企业中，和媒体打交道的通常是公关部门，但有的时候又要和市场营销部门打交道。在不少企业内部，这是两个彼此敌视、互相拆

台的部门。

在撰写此文之前，我给我认识的 50 位市场营销或公共关系的从业者群发短信，这些不同行业的企业，有跨国公司也有民营企业，有快消企业也有非快消企业，有大企业也有小企业。我提出的问题是：在贵公司，市场营销和公共关系是归一个副总（或者总监）管还是分属两个副总管？得到的答案是：3/4 的公司，市场营销和公共关系分列在不同副总的麾下。只有少数企业两个部门归一位副总管辖，有个别小公司没有公关部门。

在社会化媒体的时代，这种观点显然已经落伍。作者在描述"社会化媒体"下新规则的时候，把市场营销和公共关系放在了同一条目下而不再分开。作者列出的 13 条"新规则"中最后一条是：在网络上，营销和公关之间的界限已经十分模糊。

在我看来，这句话是该书中最重要的一句话。也就是说，在新的规则下，市场营销和公共关系已经不再是两个各自独立、老死不相往来或者争风吃醋的部门，也许我们可以为这个新行当起个名字叫"MR"（市场关系）部门。它存在的唯一目的是建立起公司和公众的良好沟通渠道，树立公司良好的公共形象，并进而最终转化成公司的销售额。

《新规则——用社会化媒体做营销和公关》这本书的原名是 *The New Rules of Marketing and PR*（营销和公关的新规则）。显然，为了发行和便于传播，中文版对书名进行了重新策划，在书名中加入了"社会化媒体"这个新的关键词。

显然，对于大部分读者来说，"社会化媒体"是一个相对陌生的新词，和"营销"、"公关"结合在一起的时候，足够吸引每一位业内人士的眼球。在他们对该书名只是有个模糊印象的时候，可以通过搜索引擎轻易把它找出来。

比起"网络媒体"，"社会化媒体"的表述更加接近这种新媒体的本质。在我看来，"网络媒体"描述的是新媒体的物理特性，它所对应的是电视媒体、广播媒体、纸媒体这样一些概念。而"社会化媒体"对应的是"主流媒体"的概念，它和传统媒体之间的差别，绝不仅仅是传播介质之间的差别，而是从传播方式到传播路径再到传播效果的全面不同。

该书对社会媒体的定义是：社会化媒体是人们彼此之间分享见解、信息、思想并建立关系的在线平台。社会化媒体与所谓的"主流媒体"的区别在于，每个人都可以创建、评论和添加内容，社会化媒体可以以多种形式呈现，包括文本、图片、音频、视频和社区。"社会化媒体"是对一类技术和工具的统称，它是用户以各种方式在线表达的平台。

其实，所谓"社会化媒体"就是目前已经存在的和即将诞生的所有网络传播的总称。具体列举出来涵盖以下几种：微博（Twitter等）、SNS网站（Facebook、开心网、校内网等）、博客、视频或照片网站（优酷等）、百科（百度百科、维基百科等）、聊天室和留言板、电子邮件。以上排序是我按照这些技术出现的先后顺序排列的。无疑，最后出现、现在最火的是微博，在美国微博叫"推特"。有一种说法：如果说罗斯福是广播时代诞生的总统，肯尼迪是电视时代的诞生的总统，那么奥巴马就是"推特"下诞生的总统。当我写完这句话的时候，突然发现这三位总统都是民主党人——这是一个合乎逻辑的发现，相对于代表工商阶层和保守势力的共和党，民主党的支持者相对更多来自中产阶级、草根阶层、新移民、黑人和有色人种。而更有效的传播方式更容易唤醒他们的投票意识和参与感。

当然这不是一本讨论"社会化媒体"前世今生的书，如果是那样，它将仅仅成为我这样的媒体从业者的读物。这本书是写给机构的市场营销和公共关系部门的从业者看的。严格地说，这本书更近乎于一本市场营销和公共关系部门如何利用"社会化媒体"工作的教科书。

在书中，作者分别列出了针对营销和公关两个不同行当的旧规则。旧的营销规则是：①营销就是做广告；②广告需要吸引大众；③广告需要打断人们并吸引他们的注意力；④广告是单向的，从公司到达消费者；⑤广告只与销售产品有关；⑥广告就是宣传；⑦创造力是广告中最重要的；⑧赢得广告奖比赢得消费者更重要；⑨广告和公关是两种独立的活动，由不同的团队完成。这其中的第8条，从业者们未必会承认，但其实是一条潜规则。

作者列举的旧的公关规则是：①公司向外界传递消息的唯一途径就是通过媒体；②公司通过新闻稿和记者交流；③很少有记者真正去看新闻稿；④公司必须有重大新闻时才有新闻稿；⑤新闻稿必须使用行话；⑥新闻稿中要有第三方的内容；⑦消费者想要了解新闻稿的内容只能通过媒体的报道；⑧公司测评公关成效的唯一成效是"剪报"；⑨广告和公关是两种独立的活动，由不同的团队完成。

作者分别对两个不同的群体列出的旧规则中的第9条是相同的：广告和公关是两种独立的活动，由不同的团队完成。作为一名资深的财经媒体人，也深知这一规则。

客户关系如何重塑

> 这里的确存在一个悖论。每个企业都希望在
> 社会化媒体上能够一呼百应，粉丝数越多越好，
> 但其背后的维护成本极为巨大。

海量数据是当代商业环境变化的特征性趋势之一。网络的正反馈性质使得企业面临的数据可以飞速增长，迅速形成海量数据集。比如，仅仅在过去两年中，知名社交网站 Facebook 的规模便扩大了 5 倍，形成了一个超过 9 亿用户的超级网络。越来越多的企业可以从公共资源、专业渠道、网络社区、新部署的智能设施以及通过购买等方式获取海量客户数据。按照麦肯锡的估计，企业获得的数据正以每 18 个月翻一番的速度扩张。海量数据时代的全新商业图景正在迅速展开。

调查显示，社会化媒体的运作和使用牢牢掌控在品牌手中。虽然许多与广告、营销相关的工作常常被外包给媒介代理机构，社会化媒体却有所不同。超过半数（52%）的品牌指出，他们选择对社会化媒体进行自主运作，而非外包；19% 的受访企业将这项职能完全交给媒介机构或广告公司；另有 15% 的企业依靠主打社会化媒体营销的专门机构来帮助他们运作相关活动。而如何进行海量信息的处理也是一项极为艰巨的工程。有调查显示，回答在社会化媒体营销方面花费多少时间时，56% 的营销人员每周会花上 6 个小时或者更多，近 1/11 的营销人员每周花费大约 11 个小时或更多。⊖

⊖ Brian Solis. Pivot Conference 报告：各品牌重视且渴求"社会化消费者"［EB/OL］. Lexie Liang，译. http：//www. socialbeta. cn/articles/brands-pursue-the-social-consumer. html.

客户关系的"新悖论"

许多知名品牌都会有如此顾虑，认为根本无法顾及互联网上所有关于自己品牌的用户言论，但著名企业百思买却做到了。百思买深知这一挑战，全力准备投入社会化媒体。百思买动员了超过 2 500 名员工，保证 24 小时以最快反应速度解答消费者提出的疑问。在 Twitter 上的官方账号@Twelpforce 的所有客服都兢兢业业，尽力做到能够回答每一条用户的问题和评论。作为全球最大的零售商，在一个最具人气的、国际的社会化网站上，挑战每天将近 17 亿来自世界各地用户的所有问题。这也更非把同一个回答每天自动发给不同提问者那么简单——而是必须做到在最短时间内，回答所有问题。既然百思买做到了，为什么其他不如百思买品牌消费者多的企业却做不到呢？

这的确存在一个悖论：每个企业都希望在社会化媒体上能够一呼百应，粉丝数越多越好，但其背后的维护成本也会极为巨大。所以企业在进行社会化媒体实践之前以及在运行之中，应时刻思考一个重要问题——匹配性，自己的业务支撑团队能否有足够能力来应对来自市场、来自公众的巨大挑战。

其实，大部分企业与社会化媒体存在严重脱节。一个表现不佳的社会化媒体形象或根本没有社会化媒体形象，都会让客户和员工认为企业不注重开放式交流。经常会有这种情形出现，众多企业在微博上发布的内容，既不实用也无趣味，只是当成一个企业新闻发布窗口，甚至把企业站点上的新闻直接复制过来，而且还很不注重格式。同时，很多企业将在传统媒体的发布习惯直接运用到社会化媒体上，一旦发布完毕即视为任务完成，根本没有与用户"交谈"的想法，即使遇到一些尝试和企业进行对话的用户，企业也可能以一种很官方的、公事公办的态度回应，让用户无法感受到社会化媒体所特有的人与人之间的对话。这种"广播式"参与社会化媒体的方式，直接导致企业认为社会化媒体和一些传统手段没有任何区别。

　　企业在对外沟通中，传统的角色主要包括两种：把关人和发布者。在传统媒体环境下，作为企业，特别是知名企业，在消费者面前极具强势，这种强势其中一个重要表现就是可以左右媒体，进而控制信息对外界的传输。表面上，把关行为是代替消费者去断定哪些是他们应该知晓的，实质上在某种程度上剥夺了消费者应有的知情权。作为发布者，企业则更多地体现为信息的单向传递，消费者只是收受，而不能反馈。虽然很多企业在不断完善中努力投公众所好，但结果仍会导致对消费者反应的忽视，进而影响企业对消费者信息的有效获知（见图7-1）。

图 7-1　美国社会化媒体用户对企业在品牌主页忽视用户问题的反应
资料来源：Conversocial，《忽视客户声音的后果》，2011 年 12 月 29 日。

　　而导致这些现象发生的原因只有一个，即没有认清社会化媒体的特性是传播还是沟通。在英文当中，只有一个单词"communication"，而在汉语中则体现为"传播"与"沟通"，但在词义上却大相径庭。传播，通常是以信息为中心，更多地强调或以"单向性"为前提，一般着重于主体向客体的信息流动，潜意识中具有了某些势差；沟通，则更看重人作为中心，关注的是彼此间交流与互动，通常也默认为双方处于平等地位。而本研究认为社会化媒体是沟通，而不是单向传播。之所以选择沟通，是社会化媒体使然，其背后意味着企业必须积极面对一个全新的与利益相关者的相处环境。《线车宣言》（*The Cluetrain Manifesto*）说："市场即会话。市场由人类组成，非统计部门。人类间的会话是人性的。他们受人性之音所召唤，互联网正促使大众传媒时代完全不可行的人类间的会话成为可能。"⊖

不能"三心二意"

很多企业，投身社会化媒体的热情不可谓不大，最主要的表现就是在多个平台上都开设了企业账号，新浪微博上有账号，人人网上有，豆瓣上也有，甚至在 Twitter、Facebook 上都开设了企业账号，可是每个平台上看起来又都是"三天打鱼，两天晒网"的架势，似乎是草草地、心不在焉地去做，甚至到最后就是荒废了。有的企业虽然不是遍地开花，但也是已经很久没有更新了，或者是有用户在微博上联系他们，也没有人回复，这样的情况比没有开设账号更糟糕，这就像你对外公布了几个客户服务电话，但是客户打这些电话却一直没人接听，这种情况下，用户会满意吗？招商银行之所以能够吸引大量的粉丝有两个方面的原因：一是招商银行微博活跃度较高，每天发微博条数比较平均，上午、中午、晚上都有发布；二是招商银行发微博的内容包含政策法规、营销活动、业界动态、休闲娱乐等多方面内容，与其他

⊖ Trevor Cook，Lee Hopkins. 社会化媒体［EB/OL］. ewine，译. http：//mind2. blog-bus. com/files/12428870530. pdf.

银行相比内容比较丰富。

我们不相信这些试水社会化媒体的企业多是玩票性质的玩世不恭，它们可能的确低估了社会化媒体取得效益的同时所要付出的高额代价，一旦捉襟见肘，可能就兴味索然了。所以，在选择平台这件事上，一定要慎重，要评估自身的实力，不要一次贪多，铺的摊子过大，而没有足够的人力物力来进行维护。选择适合自己企业实际情况的平台，一旦选择了，就一定专心去做，不可荒废。

其实，企业在社会化媒体上的粉丝数量，远远不如你和他们进行互动来得更加重要。一味地增加自己的粉丝数量，只会使得粉丝有越来越高的期待，同时企业也负担着越来越艰巨的责任。可能更应该把精力放在与已有粉丝的沟通与交流上，多多检视在这个过程中还有哪些地方是亟需完善的。

防止沟通"被流程化"

一旦沟通被流程化时，这个过程也必然是僵化的，就像一些呼叫中心的客服"话术"，使你有和机器人说话的感觉。这个困惑，可能在相当长的一段时间内都会困扰企业的社会化媒体实践。也就是说，社会化媒体营销，可能不存在 SEO（搜索引擎优化）那种可以完全量化、工具化的执行与控制工具。流程也许会有，但过程不一定是流程可以控制的，用户的感受可能也不是沟通的目标里所制定的，毕竟是和活生生的个体打交道，但标准是存在的，那就是客户的最终满意度。

同时，造成社会化媒体大负荷工作量的背后隐藏着企业操作社会化媒体的一个难点，即谁来运作？很多企业深知其中要害，不肯轻易假手于人，但也常常陷于两难。交给专业的公关公司，技术保证没有问题，人员支撑也无后顾之忧，但由于这些专业公关司无法真正领会企业的一些关键要义，总给人以"隔靴搔痒"之嫌；自己独立运作，可以第一时间与客户沟通，获知第一手材料，无奈很难配备一支专业队伍加以维护，常常是有心无力。

IBM的《从社交媒体到社交CRM》研究报告认为，企业需要考虑以下方面，为成功推出有助于改变客户关系的社交媒体计划而奠定基础：[一]

- 认识到社交媒体是改变游戏规则的力量。我们认为，对许多企业来说，社交媒体将变成网关，甚至是与客户联系的主要沟通渠道。在企业设计社交媒体计划的同时，它们需要以统一的观点，充分考虑到客户与企业接触的其他情景。

- 明确社交媒体和其他渠道的区别。社交CRM（客户关系管理）的目的是实现客户的参与，为客户和企业双方带来收益。传统的客户关系管理模式需要适应现在客户拥有控制权的现实。

- 创造无缝的客户体验，跨越社交媒体和其他渠道。如果你知道客户在一个渠道中，则也需要知道他也在其他渠道中。这意味着社交解决方案不应被设计为孤立的计划，而是需要全面地与其他面向客户的举措集成在一起。

- 开始从客户角度考虑。不要问企业为何需要参与到社交媒体中，而是询问客户为何会选择在社交平台中与你的企业交互。改变社交交互战略，注重能够为客户提供他们寻求的价值，这样客户就能与你保持亲密感。

- 如果不能确定客户价值是什么，则询问客户。对话和参与是社交媒体的作用。企业需要设计创新的方式通过投票、激发想法和提问而获取客户对企业的看法。让客户通过对他们喜爱的想

⊖ 甘绮翠. 从社交媒体到社交CRM［J］. 销售与市场，2011（16）.

法或创新进行投票而参与其中。事实上，让客户对成效投入将帮助建立企业所寻求的拥护度和品牌黏性。

- 社交媒体中获益（如果这是客户希望的）。使客户能够快速且轻松地通过社交媒体体验而直接与企业打交道。策划社交商务活动，利用对时间敏感的优惠或折扣激发特定的客户采取行动。要想使客户参与其中并成为回头客，内容必须新鲜，并具有相关性。为那些与好友共享内容的客户提供奖励，从而实现社区平台提供的病毒性传播优势。

【案　例】

GE：以公益形象凸显品牌

美国通用电气公司（GE），又称为奇异公司、通用电力公司，是世界上最大的电器和电子设备制造公司及提供技术和服务的跨国公司。公司涉及家电、航空、消费类电子产品、配电产品、能源、油气、轨道交通、安防、水处理、金融—商业、金融—消费者、医疗、照明、媒体与娱乐等多种行业。

对于这样庞大的一个集团，该给自己定位怎样的企业形象，利用何种方式去营销企业的形象，怎样获得认可并维持下去？GE 规模宏大的社会化媒体营销，或许能给其他企业以及社会化媒体从业者带来一些启示。

利用社会化媒体多种手段

这是一个主题为"健康创想"（Healthy magination）的营销，是 GE 发出的一个承诺，让更多的人集合在一起，创造更好的健康。此次营销，GE 动用了 Official Website、Facebook、Twitter、Blog、YouTube 的庞大营销网络，通过各种社会化媒体的同时运用，打开了一片热闹的讨论气氛，各平台互相关联并发挥特长。

Blog "专业"

博客更多地作为"健康创想"的内容发布渠道，几乎每个工作日都有一篇更新，并通过标签将博文进行归类。内容贡献者包括健康创想的工作人员、顾问组成员和网络。内容方向多是针对家庭和个人的健康、疾病预防、急救方面的信息，深入浅出，真实可信。单向的向外传输内容不是 GE 的目的，因此还设有两个互动按钮：一是电子邮箱，网民可以通过邮件投稿，和更多人分享关于健康的知识；二是在线沟通，网站专门设有专家组，网友登录便可在网站留言，答疑解惑。

美国《商业周刊》里一篇讲述博客营销的文章中有这样一句话："在开放的世界里，衡量成败的标准并非是最终撰写出来的文章，最终的胜利者属于那些最擅长营造对话环境的人。"情况确实如此，人们对企业博客是否关注，不仅取决于博客内容的质量，还取决于能否营造出一个舒服、轻松、自由且能诱发对方参与的对话环境。

如果说通过选择趣味性的话题加强与读者之间的互动，从而达到介绍自己产品的目的，只是 GE 中国博客营销的"方法论"，那么"绿色"和"健康"则可以被看作 GE 中国博客营销的"世界观"。

GE 中国公关传播部的负责人认为，注重环境可持续发展的"绿色创想"和关注高效率、低成本医疗服务的"健康创想"是 GE 近年来经营战略的两大支柱，除了选择一些所涉及行业的热点话题与公众展开交流，GE 中国官方博客将主要围绕这两大领域的话题进行组稿。"我们希望通过博客，向中国公众更详细地介绍 GE 产品和服务对环境以及医疗产业带来的影响。"

"绿色创想"是 GE 于 2005 年启动的一项全球战略举措。它旨在通过大幅度增加对环保技术的研发投资，帮助全球客户解决日益严峻的环境挑战，同时减少自身在全球生产和经营活动中的温室气体排放，并以环保产品和服务作为新的业务增长点。

"健康创想"则是 GE 2011 年起开始力推的另一个概念。GE 医疗集团大中国区总裁兼首席执行官段小璎曾经说过，政府和企业有责任在三方面改善医疗环境：降低医疗服务的成本；扩大医疗服务的渠道和覆盖率；提高医疗服务的质量。而作为医疗设备生产企业，GE 医疗集团则会把精力放在研制和生产高技术、低成本的产品上，进而帮助降低医疗服务的总体成本。

能够把传统的电动汽车充电时间从 12～18 小时降低到了 4～8 小时的充电桩；能够扫描"内脏脂肪"，检查出你是否患有隐性肥胖类疾病的扫描仪；能够把睡眠跟踪器与手机闹钟结合到一起，进而找出你每晚需要睡多长时间才能恢复体力的智能手机……在 GE 中国博客上露面的许多产品，都是"绿色创想"和"健康创想"下的"蛋"。

简单来说，"绿色创想"和"健康创想"的一个重要任务就是创新——创新产品，创新技术，创新服务，从而提高企业竞争力，并且让人们的生活变得更美好。这种创新是 GE 企业文化最重要的核心理念的体现。而 GE 中国正是通过博客这一社会化媒体，从另一个层面——公众沟通，延续自己的创新实践。

YouTube "创造"

GE 同时进行了两种操作：一方面向 YouTube 红人提供资金，制作公益的视频，供网友观看、下载、讨论；另一方面"健康创新"创建自己的频道，并将所有 60 个视频分为：上传的视频、收藏夹、广告、simplelife、good is health 五个类别，包括 GE 的广告、项目组创建的视频和网友自制视频，用户可以通过查询轻松找到自己感兴趣的视频。

Facebook "体验"

主页负责介绍内容，完成和网民的交互。GE 在涂鸦墙上发布关于健康、疾病、运动等的日志和链接，供网友查看、分享；利用个人信息介绍，详细地为网友解读关于"健康创新"活动的概况、使命；网友也可以在此订阅 SmartMail 的邮件，从而接收 Healthcare 前沿的信息，并产生更为深刻的理解；还添加了调查问卷 Better health conversation，通过个人身高、体重、家族病史等内容的填写，网友可以得出一份具体的体检报告，甚至可以将此打印，作为材料带给医生看；在 Sharing health ideas 选项卡下是传统的日志分享功能，但页面设计精致独特，让人有一种想参与"健康接力"分享日志，并给自己的健康寻求平衡的感觉；当然这么时尚的活动离不开 APP 的参与，在 Morsel 页面，整合了 5 种手机参与的方式，可谓无微不至。

Twitter"沟通"

结合 Twitter 本身的特点，gehealhty 这个 ID 负责发布许多碎片化消息，对营销活动、健康理念进行告知和讨论，并丝毫没有某些官方 ID 的架子，而是主动、亲和地沟通，方法有：

- 在 tweet 中加入外网的短链接，让关注的用户能够获取更多知识，开阔讨论的思路；
- 大量转发、评论、@网友（包括健康类节目主持人、医生等名人）的 tweets，让网友知道有这样一个 ID 存在，这个 ID 是做什么的，gehealhty 关心我；
- 时常参与到#Washable Awards、#Mammograms、#Morse 等关联性强又比较火的话题组，在主动平等和网民进行探讨的同时，还打开了自身信息的扩散渠道，增加了曝光率。经过这些努力，除了获得过千的跟随者，还被注册了 123 次。据不完全观察，health news exchange、live-love-life 这些网友对这个 ID 的分类很是让笔者眼前一亮，前者是对 Twitter 操作中互动的肯定，后者是对 Twitter 宣传思想的认同。

诚然，各司其职、单打独斗未免浪费了大好的资源，所以 GE 通过连接、话题同步等方式，尽量让各个平台产生关联，网民从 Facebook

跳到 YouTube，然后又链接到 Twitter 上交流，这种类似于循环的传播方法，圈住了不少偶然的过客。

利用公益为切入点

正如 GE 全球广告和品牌执行总监所讲，这次活动能给 GE 带来不朽的名誉。这个主题既能吸引受众的眼球，又对企业口碑有很大的正面作用。GE 从 2005 年就开始涉足公益环保领域：每年资助"农家女学校"的女教师参加医疗培训；为汶川地震捐款 200 万美元；向中国农村捐赠水处理技术；启动健康创想计划，在世界范围内投资 60 亿美元用于改善公众健康；这次的"健康创想"也是提醒全世界人民注意方方面面的健康……作为一家身跨多国的大企业，GE 是有能力面向全世界做公益的，其公益心、企业形象也能被全世界人民看到，而这种善举恰恰是受众愿意看到并乐于主动传播出去的。因为传播的同时能够标榜自己，网民通过简单的评论、转发行为，能展示出自己也在关注环保事业、关心人类健康，为自己贴上公益的标签。

思路清晰

参与、创新、获益，再拿出更多的钱投入参与，比如关注医疗成本、医疗机会与医疗质量等。这些公益实践在全球范围内为公司带来许多新的业务，倡导健康，推动了 GE 医疗的发展；提倡回收利用水，GE 能源水处理厂便在很多地区落户。公司董事长兼首席执行官杰夫·伊梅尔特（Jeff Immelt）赋予 GE "绿色使命"，公益环保从来不是 GE 的负担，反能从中获利，比如"绿色创想"（eco-magination）便为 GE 带来 250 亿美元的商业收入。由于 GE 涉及的产品范围很广，通过产品研发、市场定位等方式可以将企业利益和社会公益契合得很好，改变了多数企业单独为做公益而付费的做法，公益和利益不再是此消彼长的对立面，而是相辅相成的结合体。

方法自由

NGO、NPO 等组织常见的活动形式是双手向上请求捐助，或者是单向宣传什么时候做了什么；很多企业的公益形式，也是将产品和公益挂得很近，试图通过公益得到商业利益，"要求"网民参与，并在参与量达到一定数字时做出一定的公益行为。前者主题狭隘，后者缺乏情感激发和沟通，所以网民多数路过，没兴趣或不知道怎样参与才好。而 GE 做的是给一个"健康"主题，不涉及任何商业信息，参与者可以很随意地从很多方面进行探讨、传播。为了维持讨论声量，在博客、YouTube 上适时抛出"牙齿保健"、"肥胖"、"儿童健康"等话题，进行内容方向的引导，防止话题枯竭、过偏。

主动融入

对于品牌来说，无论做什么样的营销活动，最期待的都是受众的参与，所以怎样激发更多人对话、扩散对活动效果有着至关重要的作用。GE 公司负责人认为："这是一个与众不同的活动，通过线上资源的开发，能帮助 GE 以不可思议的方式接触到数量可观的受众，而且比以往的受众更加年轻。通过和网友进行对话，让 GE 接触到新朋友并且互相交换意见，形成对话。"对于用户来说，在 Facebook、Twitter、LinkedIn、YouTube、Blog 等网站往往有跨平台的操作，通过分享按钮，将喜欢的内容分享到其他平台，在这一过程中，信息量和受众人数都会产生成倍增长。所以 YouTube 的视频能达到 11 000 000 次点击，这着实让 GE 兴奋了一阵子。见识到社会化媒体的魔力之后，GE 的 CMO 也开设了 Twitter 账号和 Facebook 主页，开始了自己的社会化媒体体验。

抓住特点

YouTube 上的草根红人让 GE 公司负责人大开眼界，在一次采访中她透露："YouTube 红人驱动着为数可观的观众，为我们吸引了至关重要的目标人群的关注。而在活动开始时，我们完全不知道结果会怎样，就一直看着屏幕上不断增长的数字，全国的网民都在看我们的视频，点击和回复都在不停地增长。"通过 YouTube 和 How cast 的合作，红人创造出了一批点击很高的视频，比如对抗肥胖的 *Help！Wear Fat*（有 17 万余次的点击率），不少还在视频中嵌入互动按钮，让网民可以自由对话。

网络红人更清楚该媒体的网民喜欢什么，从而创造出关联性、趣味性更强的内容，传达信息的方式也更生动；而且红人自身的粉丝（built-in fans）也能为品牌带来很大的影响力。

【相关阅读】

《企业微博管理手册》相当于"企业微博管理基本法"，它是目前中国唯一一本经过长期观察、认真探索、深入研究，科学客观的企业官方微博指导范本，是填补国内传媒空白、帮助企业克服微博体验

《企业微博管理
手册》
作者：杜子建、侯锷
出版社：印刷工业
出版社

障碍的首席文本，是一册在手畅行微博的全维度指南。

微博是可以被管理的

□ 人力资源管理专家　党向阳

在西方流传着一个很古老的预言传说："潘多拉盒子"是上帝与魔鬼为了"天堂之约"而共同创造的"宝物"，是用来存放"情感精灵"

的地方。左边，是上帝存放"乐趣精灵"的地方；右边是魔鬼存放"痛苦精灵"的地方。"乐趣精灵"会告诉人们，他们的某些行为和认知是正确的；而"痛苦精灵"则会告诉人们，他们的某些行为和认知是错误的，从而一起为各种生物引导"生存的方向"。

微博就是互联网和信息技术所制造出的"潘多拉魔盒"，可以说微博的诞生开创了一个崭新的时代。微博虽小却善变，有时像波斯猫一样乖巧温驯，有时却又像野猪一样肆无忌惮，并能够制造和引爆流行的焦点。微博不仅造就了像潘石屹、任志强和"作业本"等一批微博名人、红人、大人，也毁了像药家鑫、李刚等一批个人和组织。可以说微博像硬币一样具有两面性，同时有着天使和魔鬼的特性。对于微博，我们究竟应该怎么去看待它，而又怎么样去利用它的价值呢？这对于从事企业管理和媒体研究的组织和个人来说，都将是面临的一个新的课题和挑战。

微博时刻在改变和颠覆传统媒体的理念和运营、管理模式，传统时代的媒体——报纸、广播、电视更像一个大喇叭，是用来进行宣讲和灌输的，这是一种单向的传播方式。根据其特性是非常容易做到从源头的控制和管理的，也是可以被降服和制约的。而微博则体现了一种新的时代，它制造了一个人人参与、人人制造话题，通过病毒式传播与复制，每个人都有作为舆论领袖的机会，它更加自主和自由，很难被控制和制约，所以用传统的管理、控制手段和方式，根本就无法抵御微博所带来的洪波巨澜。微博管理千万不能采取围坝筑堤的方式，而应该是顺应潮流和民心进行有效的疏导与引导，由此而产生了一种新的管理领域——微博管理。

当收到《企业微博管理手册》一书，阅读之后便豁然开朗，这也许就是一把帮助企业打开微博这个潘多拉盒子的钥匙，它能够指引企业找到存放乐趣精灵的地方，使企业抵达正确的地方。

　　当我们面对未来和未知的领域时，总是难免有两种不同的心态，由此左右和影响了我们的行为，并最终导致了不同的结局。一种就是对于陌生领域的无知和不了解所造成的恐惧感，由此便产生了源自本身习惯的抵触及排斥，很难正视其先进性、科学性的方面，所以我们经常会因故步自封而失去了发展的机遇和机会。而另一种则是对于陌生领域的好奇与渴求，并由此产生出调整的动力和战胜未知恐惧的勇气，在不断的尝试之后，我们总能发现新领域中的魅力与瑰奇。所以，对于微博管理的新课题，无论是企业还是个人，都应该积极面对。悉心学习，勇敢尝试，或许在您的面前，打开它就如阿里巴巴一般会发现通向藏宝洞的密码。

　　当微博时代扑面而来，企业和组织注定无法躲闪和隐藏，如果消极面对注定要被"OUT"（淘汰）。与其像鸵鸟一样将脑袋扎进沙堆自欺欺人，还不如迎头赶上并及时奋起，像凤凰涅槃一样，浴火重生。

　　当企业面对微博的时候，管理绝对不是玩票，绝对不是以业余玩家的心态，盲目地追求参与的快感，而忽视了潜在的危机和风险。企业如果想利用好微博，不管是帮助企业更加贴近客户，还是提升企业品牌的知名度，都必须进行行之有效的管理。

　　从管理角度来看微博，我们要思考应该以什么样的标准来衡量和评价微博，微博是不是能够被管理呢？

　　首先，管理专业化最基础的条件就是：标准化、制度化、流程化，只有做到了这三点才能够谈及管理，也才能够被复制和应用。如果微博管理充满神秘感和由于高难度技术而难以被操作，那么就是一小撮人所玩的小把戏罢了。细观《企业微博管理手册》一书，已经非常好地解答了这样的问题，从管理中的标准化、制度化、流程化的要求方面，都进行了非常详尽地描述，更难能可贵的是附注了许多翔实而生动的案例、表格和模板及流程图等，让相关从业人员能够迅速掌握相关的方法、技能，可以说做到了一册在手而事半功倍。

管理就像搞建筑一样，不要过度沉浸在理念的打造与创新，当我们看着设计图纸而心花怒放，其美轮美奂的外部及精彩的构思总是让人赞叹不已，但是最关键管理不是被欣赏和评论的。管理不是教条的理论，管理是实践，是不断而反复地实践。想法和理念固然重要，但是实践更重要。要想盖好一栋楼，必须从基础做起，夯实基础，搭建构架，完成添砖加瓦的过程，最后才能真正建立起管理体系。因此，企业微博管理更应该注重管理基础工作，应该从管理的一点一滴做起，于细微之处见精神。这是该书与其他书籍最大的不同，没有过度纠结于理念的论证，也没有夸夸其谈，而是从管理细微之处体现专业的精神。

其次，管理是不是能够形成一个完整的闭环系统，并遵循和按照PDCA法则进行持续地过程改善与优化提升，这是衡量管理是否帮助企业实现创造价值的关键。什么是管理？管理就是计划、组织、领导和控制的过程。管理应该是来源于实践，管理应该是被不断实践、改善和优化而螺旋式提升的过程。管理必须从实践中来，到实践中去。管理应该是知行合一的实践，管理必须打破界限、阶层、权威和禁地，管理应该是交流、沟通、分享的平台。微博是一个更加开放、自由的平台，因此就必须要求有系统化的理念和思维。不能存在任何侥幸的心理，临时抱佛脚，兵来将挡、水来土掩，这样不仅不能做好微博的管理，反倒会引发一场微博的危机公关，给企业带来更大的负面影响。

《企业微博管理手册》从五大系统进行了详尽地阐述：企业微博的系统构成、企业微博的运营管理、企业微博的互动协同管理、企业微博的危机管理、企业微博的激励管理。五大系统描述清晰而相对完整，浑然一体且能够相互衔接，从而组成相对完整的闭环，还能够进行持续的过程改善与优化，实现管理螺旋式提升。同时，微博管理又能够与企业管理的各个系统进行有效的协同与交互，及时而迅速地做到信息反馈和改善。

最后，微博能不能创造价值？衡量管理是否有存在的必要性在于管理是否能创造价值。如果微博是一个新生的管理体系，总是回避对于组织所带来的价值，那么我们必须质疑其存在的必要性。如果将微博作为单独而存在的系统，它既无法给予组织系统以营养，又不能够从组织系统上得到所需的给养，那么它注定是被嫁接上来的异类或者是依附于组织的寄生虫，肯定不会永久的存活，而最终会枯萎凋零。

如果将微博管理应用于企业或组织，那么企业在投入的同时，一定会考量和考评微博会给组织带来的价值是什么？这必须拿出事实和数据作为支撑。企业经营就像人一样，盈利就像呼吸一样，虽然不能以盈利为最终目的，但是没有呼吸是很难存活的。所以说，微博管理如果想走得更远、能够更成熟，还必须解答微博管理如何创造价值的问题。

《企业微博管理手册》解决了管理人员知识、方法、技能、操作的实践问题，但是在解决管理所创造出的价值方面还预留了一定的留白，当然这与时间也有很大的关系。因为毕竟微博真正在中国开始应用的时间很短，而且大多数时候还是应用在个人上，而组织对于微博的管理应用目前大多还处于尝试阶段，但该书的作者杜子健和侯锷先生敢于天下先的吃螃蟹精神很值得钦佩。也许正是这样的不完美，才会让我们对于《企业微博管理手册》有了更多的期待和向往。

微博让我们面临一个新的变革时代，企业的变革就是破旧立新，往往需要经历三个重大的历程：时局、格局、破局。从破旧到立新绝对不可能一蹴而就。时局代表新生事物的潮流，格局代表了熟悉事物的定式，破局是从时局到格局的桥梁，是一场变革，是一次革命，但是绝对不是暴力的，而是一种沟通、融合、成长，最终是为实现可持续的发展。因此管理变革当中最重要是理念的变革。而当下，我们正需要顺应时局，进行一场艰苦的破局，才能够有新的格局。

综上所述，我可以坚定告诉自己和读者：微博是可以管理的，而且企业微博由于其存在的必要，必将为企业创造出更大价值。不管是个人还是企业，如果您想开始这一段微博之旅，那么就先找《企业微博管理手册》作为指南吧！

社区不可能"被创建"

> 你不能创建一个社区，因为社区已经存在，它们已经在做着它们想做的事。你应该提出的问题是：如何能帮助它们做得更好？

名人李开复在他的著述中写道："在微博时代，如果你有 100 个粉丝，就相当于办了一份时尚小报，可以在朋友圈子里享受被尊重、被阅读的乐趣；如果有 1 000 个粉丝，相当于出了一份海报；如果有 1 万个粉丝，相当于创办了一家杂志；如果有 10 万个粉丝，相当于创办了一份地方性报纸；当粉丝数增加到 100 万，你的声音会像全国性报纸上的头条新闻那样有影响力；如果有 1 000 万个粉丝，你就像电视播音员一样，可以很容易地让全国人民听到自己的声音。"李先生此言充满了自豪感，他对于微博的威力倒是很清楚了，但却无意间传达出了一种困惑。因为真是如此的话，那就不是微博，不是社会化媒体了。因为你要做的是沟通，而不是传播。

自从以弗里德曼为代表的利益相关者理论问世后，利益相关者权益的满足就成为衡量企业目标达成的又一重要指标。作为左右组织生存、发展的关键群体，这一概念的基本要素也经历了一些变化。首先是范围的扩大，从原有的股东至上，逐步扩展为包括消费者、员工，乃至媒介、社区、竞争者等庞大而复杂的群体；其次，需求的复杂程度加剧，利益相关者不再仅仅关注自身利益，同时开始关注社会的可持续发展、环保问题等更为广泛的议题；最后，由于媒介环境的变化，原有的针对各个利益相关者的沟通界限逐步被打破，比如内部传播与外部传播的界限越来越模糊，导致了所谓社会学家戈夫曼等人所指出的"前台"与"幕后"之间的打通现象。对利益相关者关系管理变化的不适应，是企业面临的众多挑战中最为复杂的一部分。

公司"透明化"

在这个透明化的时代，获取信息渠道之多、之广，前所未有，不仅是雇员、股东、商业伙伴，甚至还包括消费者都希望找到公司诚信经营、恪守道义的证据。他们都想把公司的所作所为及其影响打听个水落石出。公司经常会做出一些秘密决定，利益相关者经常被蒙在鼓里一无所知。随着世界的联系越来越紧密，这样的幕后消息要想长期保密越来越难。

公司的一些利益相关者，比如社区活动分子、非政府组织（NGO）以及其他组织和人士，并没有直接管辖公司的权力。他们发挥影响力的工具就是透明化：学习的能力、告知他人的能力、利用已知信息调动别人的能力。公司的顾客、股东和雇员具有经济权力，如果社区利益相关者能利用手中的信息取得他们的支持，那么他们的影响力就放大了很多倍。

何谓社区，很难界定，因为它的含义很广，它至少包括如下几种利益相关者：

- 社区本身：社区有不同的地理方位（地区的、全球的），社区成员有不同的身份（种族、年龄、性别、国籍等），也有着不同的利益（某个社区成员共同的价值观和关切）。

- 独立的组织：各种各样的俱乐部、宗教团体、商业协会、游说团体、政治派别、社区组织以及非政府组织。这些组织有着形形色色的信仰、目标和政见，无所不包。

- 媒体：如果媒体能够充分发挥作用，那么对透明化的贡献将是不可估量的。不幸的是，在媒体自由的社会里，真实情形往往不能尽如人意。

各种利益相关者就像网络一般相互交织，而很多公司忽视了他们的审视和反应，因此也把自己拖入了泥潭。例如苏联切尔诺贝利核电站泄漏事件、印度博帕尔联合碳化物公司化工厂毒气泄漏事件、壳牌石油公司布伦特·斯帕尔石油泄漏事件、"埃克森·瓦尔迪兹"号油轮溢油事件，都教会企业一个惨痛的教训：没有一家公司能够躲避其行动带来的外部负面效应。

在现今的文明社会，网络化的非政府组织仔细审查着全球各地公司的经营活动，并采取相应的对策。非政府组织的活动范围极其广泛，有些非政府组织提供社会及社区服务，通过游说和不合作主义进行抗辩；也有些像透明国际（Transparency International，著名的反腐败国际性组织，致力于在世界各国政府和企业界推进反腐败运动）一样的非政府组织同企业和政府机构进行合作；诸如独立媒体中心（Independent Media Center）之类的非政府组织会对现有机构毫不留情地进行挞伐；还有很多非政府组织会和公司及政府携手，共同制定并实施公共社会、环境和经济可持续政策。非政府组织的国际化趋势越来越明显，几乎所有的组织都利用互联网来了解企业行为，沟通信息并组织支持者。

谁是企业的利益相关者

弗里曼在其1984年经典著作《战略管理》中，将利益相关者定义为"任何能够影响组织目标的实现或受这种目标实现过程影响的团体或个人”。[一]而弗雷德里克在 1988 年提出将利益相关者分为两类：一是直接利益相关者，即与企业直接发生市场交易关系利益相关者，主要包括股东、债权人、供货商、员工、分销商、消费者、竞争者等；二是间接利益相关者，即与企业发生非市场交易关系的利益相关者，主要包括政府、社会活动团体、媒体、公众等。显然，企业与直接利益相关者形成一种更为直接和密切的关系。[二]

直接利益相关者和间接利益相关者的划分，并不意味着间接利益相关者及其所控制的资源对于企业不重要，而是意味着间接利益相关者与企业的非市场交易关系派生于直接利益相关者与企业的市场交易关系，如企业生产经营活动和产品消费过程所产生的环境污染使公众利益受到损害，公众因此成为企业重要的间接利益相关者。同时，直接利益相关者与间接利益相关者的界限也不是截然分开的，而是相互交叉和相互渗透的。

各种资源的提供者或利益相关者通过控制资源迫使企业或组织满足其权益要求，如工会要求企业关注职员福利和健康，环保组织则要求企业投资于环保等。不同利益相关者根据自身所拥有资源的不同性质，对企业施加不同性质的影响力。所以不仅不可忽视，而且必须加强与之沟通。比如，当公司在考虑业务战略或模式的快速转变时，公司需要以引人注目的多渠道方式向关键的相关群体快速发布这个消息并得到他们的大力支持。关键的相关群体会不会接受高级管理层的建议？如果接受，为什么？如果不接受，为什么？说服这些相关群体的最佳途径是什么？举例来说，什么样的交流渠道最有效？谁来担任发

　⊖　Freeman R E. Strategic Management：A Stakeholder Approach ［M］. Boston，MA：Pitman，1984.
　⊜　Frederick W C. Business and Society，Corporate Strategy，Public Policy，Ethics (6th ed.) ［M］. London：McGraw-Hill, 1988.

言人，把倡议带给某个特定群体？公司战略、愿景和使命的改变会对公司与关键相关群体的关系带来怎样的正面和负面影响？我们如何知道自己已经成功了？哪些成果是可以衡量的？

　　作为左右组织生存、发展的关键群体，利益相关者的基本要素也经历了一些变化。首先是范围的扩大，从原有的股东至上，逐步扩展为包括消费者、员工乃至媒介、社区、竞争者等庞大而复杂的群体。而在被称为"围观时代"的社会化媒体时代，比如微博用户间的连接除友谊，更多的是因某个共同话题——用户可以感兴趣的话题为中心，形成不同的"话题圈"。不论相互之间是否认识，但只要对该话题感兴趣，都可以参与到讨论中，相互交流碰撞。如果企业不幸成为他们的话题，这时的利益相关者就不一定在企业预料之中的了。

　　其次，需求的复杂程度加剧，利益相关者不再仅仅关注自身利益，同时开始关注其他方面，比如社会的可持续发展、环保问题等。国际环境学调查公司发现，很多人对公司的印象往往基于一些社会因素，包括劳工保护条例、商业道德以及对环境可持续发展的关注，有时人们对这些因素的关注甚至超过产品的质量和价值。根据该公司对美国的一项调查表明，绝大多数人都认为公司要对尊重员工、环境保护、人权和执行统一的严格标准负责。而这些话题又会把过去不在企业关注之列的利益相关者拉进来，比如某些特殊利益集团或 NGO 组织。

　　20 世纪 90 年代中期，作为全球最大的装潢零售公司，也是美国第二大零售公司的家得宝（Home Depot）根本没有料到，一个热带雨林保护组织竟然迫使其放弃生产产品时使用生长了多年的树木；耐克公司也根本没能想到，自己在海外的工厂成了别人眼中的"血汗工厂"，这迫使耐克公司建立起了一套全球统一的劳工保护标准，也聘请了一个非营利性组织作为合作伙伴，来帮助提高海外员工的生活和社区状况；孟山都（Monsanto）公司也没有预见到，自己原来完全低估了公众对转基因产品的忧虑,而不得不花费大量精力,通过展开对话和提高透明化来消除公众对新产品和新技术的担忧。上述几家公司都没有认识到公民手中掌握的新权利,他们能够调查并批评公司的运营状况,因此这些公司都遭受了重创。此外,包括壳牌石油公司、英国石油公司、施贵宝公司、奇基塔公司、福特公司、惠普公司、通用汽车公司等几十家知名公司,都选择了和一些非政府组织进行合作,为的是让双方都共享透明化,并且实现利益及合作的共赢。

第三,由于媒介环境的变化,原有的针对于各个利益相关者的沟通界限逐步打破,比如内部传播与外部传播的界限越来越模糊,导致了所谓社会学家戈夫曼等人所指出的"前台"与"幕后"之间的打通现象。

对于组织而言,利益相关者的变化无非导致一个结果,如果想和他们和谐相处,唯一的出路就是变得透明化。对世界范围的很多相关群体而言,国际互联网使公司行为变得日益透明。就如凯奇门公司的高级合伙人和公共关系主席大卫 R. 德罗毕士解释的:"甚至连一个地方社区事件也不可能被限制传播。更重要的,公司事务也不可能被隔离而不受外界影响。我们不可能在国际互联网迅速发展的今天将各种事务按照国家来隔离,也不会有那种美国与一个亚洲观众相对的事情,每个人都有快速通道。" [⊖]

作为老牌公司的杜邦是最早迫于公众压力对外开放,实现企业透明化的公司。众所周知,杜邦以生产炸药起家,由于与外界缺乏必要的沟通和说明,杜邦被描述成"恶魔般"的高危险企业,甚至工厂周围的邻居一再示威,要求其搬迁。为了给自己"去妖魔化",杜邦定期举办"开放日",邀请周围的邻居和社会各界进场参观,以示诚意。经

⊖ 保罗·阿根狄,等. 企业沟通的威力 [M]. 李玲,译. 北京:中国财政经济出版社,2004.

过一段时间的努力，逐步消除了公众的误解。在美国，也曾经有一段时间，公司将大部分信息都对外封闭，很多公司甚至都不公布年度报告。直到 20 世纪 30 年代美国联邦政府通过立法，它们才不得已为之。

实际上，《商誉管理》（*Reputation Management*）已经把今天的商业环境称为一个"透明年代"，即"这是一个商业公司被迫在其所有行动（以及它的很多想法）最终会被公开的前提下运作的一个时代，这是一个商业公司的声誉将更少地建立在公司专业沟通人士创造和操控的信息之上，而更多依赖于第三方感知的一个时代……" ⊖

把利益相关者放到一个房间

透明化既可以是主动的，也可能是被动的。主动的透明化需要公司能够积极地保持透明的姿态，从而实现自己的商业目标。比如正式向外公布的报告，包括媒体新闻稿、年度报告以及可持续发展报告，这些都是积极透明化的重要组成部分。但是，仅仅对外发布这样的报告是不够的，积极的透明化需要体现在日常的一点一滴之中。只有经理人做到能和员工坦诚交流，员工做到能和同事、顾客、供应商、政府官员、社区成员坦诚交谈，这才算是真正的积极的透明化。积极的透明化体现在公司的网站、广告、重大事项、媒体采访之中，也体现在公司每天的经营、产品和服务之中。在积极的透明化的氛围中，公司和员工不论采取任何行动，也不论结果是好是坏，都会就公司的目标和使命进行沟通。开放型企业能够让透明化之光照到公司的每个角落，并让公司的目标和使命感愈加彰显。

⊖ 保罗·阿根狄，等. 企业沟通的威力 [M]. 李玲，译. 北京：中国财政经济出版社，2004.

那么在透明化组合时，怎样才能达到理想的平衡状态呢？我们不妨看看英国电信公司的成功案例。英国电信公司主动采用各种卓有成效的方式，向海内外的各种利益相关者征求意见，其中包括供应商、社区成员和股东。该公司在日常经营活动中就致力于实现透明化，也堪称全球在公司信息披露中的领头羊。在公司通过提供客户满意度从而提升品牌形象的战略中，塑造对社会负责任形象战略的重要性占到了25%，这一战略也增强了公司在市场上的竞争力。

但在意图透明化的沟通过程中，仅仅思考与各个利益相关者的沟通方案还远远不能达到所要求的效果，特别是在社会化媒体环境下，在彼此信息也具透明化的情形下，针对利益相关者的沟通必须考虑更为复杂的因素。梅罗维茨在其代表作《消失的地域：电子媒介对社会行为的影响》一书中向我们描述了一个相当有趣的场景。这恰好展示了针对利益相关者的沟通在社会化媒体时代所必将面临的挑战。

20世纪60年代后期，当我还是名大学生时，我曾在欧洲度过了一个为期三个月的暑假。在那里我有了许多激动人心的新体验。当我返回家后，我开始将这些经历与我的朋友、家人以及我认识的其他人分享。但是我并没有千篇一律地向每个人讲述完全相同的旅行故事。例如，我父母听到的是我留宿的旅店如何安全和干净，旅行是怎样使我不再挑食；而我的朋友们所听到的故事则充满危机、冒险，并带有某些浪漫；我的教授听到的是旅行的"教育"方面：参观博物馆、教堂和历史名胜以及我对交叉文化不同行为的观察。就这样，我的许多"听众"听到的故事各不相同。

我的旅行故事不仅在内容上有变化，而且风格也各不相同；每个故事中俚语的数量不同，语法结构和发音也不一样；而且讲话速度、身体姿势、面部表情和手势在每种情况下也不相同。每一次的描述都是真实与夸张的独特结合。

假如在我回家后，我的父母举办了一场出其不意的欢迎晚会，他们邀请了我所有的朋友、亲戚、教授和邻居，来听我欧洲度假时各种各样的故事会是怎样的。如果我不能将听众分开，我对旅行的描述又会是怎样的？如果我的父母将我带到这些人中间，在这些人都在场的时候，给我 15 分钟时间来讲述我的旅行，我又能说出什么呢？

如果开始讲私下对父母所说的"安全"故事，我的朋友会感到厌倦甚至可能会咯咯发笑；如果我讲危险而浪漫的冒险，我的父母和邻居可能会不舒服。显然，我为特定的听众所准备的故事几乎会使混合听众中的部分人感到厌倦，甚至会冒犯某些人。所以我可能是张口结舌说不出话来，也可能迅速适应这个混合场景，想出一个新的综合故事，将每一部分听众感兴趣的故事都说一点儿，但是毫无特色。不过无论我说什么，这种情景与我和孤立听众交往的情景大不相同。○

哪里发生了问题？梅洛维茨解释说，这是由于许多从前各自独立的场景一下子被合并在了一起。而按照彼得·圣吉的说话，这是一个必须把利益相关者放在同一个房间的时代所必然要面对的场景。○

戈夫曼把专门为陌生人或偶然结识的朋友所做的动作称为"前台行为"，而将只有关系更为密切的人才能看到的暴露演员真实感情的动作称之为"幕后行为"。例如，饭店的服务员在"前台"接待顾客时扮演的是一种恭维的角色，回到"幕后"厨房扮演的也许是一种批评的角色："你看他那副傻样！"

梅罗维茨指出，饭店服务员在"前台"和"幕后"的讲话固然不

○ 约书亚·梅罗维茨. 消失的地域：电子媒介对社会行为的影响［M］. 肖志军，译. 北京：清华大学出版社，2002.
○ 彼得·圣吉，等. 必要的革命［M］. 李晨晔，张成林，译. 北京：中信出版社，2010.

同，但是，如果他们在议论顾客的古怪行为时忘了关上通信联络系统，而让这几位顾客听到了这种"幕后"的说笑，那么这种说笑就不再是"幕后"的而是"前台"的了，也就显得窘迫而不适当，从而会影响整个事情的情境。

实际上，社会化媒体已经开始促使这一现象的出现。作为企业已经无法从容地向每一个利益相关者单独、封闭地传达某些示好的信息而置其他于不顾，在错综复杂且需求各异的利益相关者面前，如何传达相同的声音成为真正的挑战，所以建立面向所有利益相关者、系统化的沟通机制势在必行。

让我们还原彼得·圣吉等人在其《必要的革命》中，关于建立全美和全球的能源与环境设计先导（leadership in energy and environmental design，LEED）认证系统的一幕。创始小组的成员们都很清楚，建筑行业的分散和竞争阻碍了变革，于是下决心从一开始就让整个系统的所有代表都参与进来。因为除非整个系统都在这个房间里，否则就完全没有机会形成真正的共识。可以想象，不同利益相关者最初的表现，必然是为了自己的利益而大打出手，而"寻求一致，然后行动"的原则将原本不可能有结果的讨论带入了一片新天地。挖掘集体智慧、建立集体拥有感这一目标，逐渐帮助这个团队形成了一个团结、坚定，有凝聚力的集体。即使出现观点的对立，彼此之间也都有个相互理解的基础——大家都非常关注真正的变化。最终，这一小部分人转变了一个占美国 GDP 8% 的行业。[⊖]

怎样去解读这个案例？科特勒的《营销革命3.0》在这方面给予了我们启发。该书的第二篇"战略"阐述了企业要向消费者营销企业使命，向员工营销企业价值观，向渠道合作伙伴营销企业价值观，

　⊖　彼得·圣吉，等. 必要的革命［M］. 李晨晔，张成林，译. 北京：中信出版社，2010.

向股东营销企业愿景，而所涉及的对象就是企业重要的利益相关者，此时"营销"无疑带有了更多的"沟通"意味。这便是"求同存异"的解决之道。在科特勒看来，营销 3.0 时代，企业将不再是单打独斗、自给自足的经营者，而是变成了和员工、批发商、经销商、供应商等众多合作伙伴同呼吸共命运的有机体。[一]如果企业能够精心选择自己的网络合作伙伴，做到目标共享和利益共享，那么它就能和合作伙伴整形成一个具有强大竞争力的实体。聪明的企业不仅满足其股东的投资收益，还要关注所有利益相关方的回报。因为一家成功的企业绝对不仅仅是自己成功，它的成功源自于所有利益相关方的积极参与和投入（见图 8-1）。

（精英智慧 ──→ 组织智慧 ──→ 社会智慧）

1. 内容的产生：自己生产远远不够，网友共同创作
2. 你需要的是和精英（包括草根、有影响力的人）互动，在这个过程中产生新的内容
3. 企业仅仅是网状中的一个有资源的"点"，它的作用是激发海量内容的出现

图 8-1　社会化媒体的内容需要参与者共同创作

社区即沟通

这是新浪微博上的一个帖子："最近分别有三个客户都遇到了公关危机，但是，都因为在微博上设立了企业官方微博，能够主动地掌控

〇　菲利普·科特勒，等．营销革命 3.0 [M]．毕崇毅，译．北京：机械工业出版社，2011.

话语权，所以都能够成功地转危为机，而且因为能够以亲和的语气，主动跟粉丝解释和澄清，把本来一腔怒气的粉丝，转化成为潜在的消费者。我越来越相信，微博是真正能够管理危机的平台！"为什么他会这样想，因为这是沟通的力量。

之所以选择沟通，是社会化媒体使然。传统意义上的媒体是创造和传播信息的载体，它通过某种形态的组织形式，比如企业作为主体，面对信息的接受者，被称为受众，即客体。社会化媒体的出现促使媒体的概念面临一个巨大变化，即信息已经不再以组织身份，更多是以个人身份来被创造，信息也变成更多通过个人关系网络展开递进的传播。当个体既有自己的关系网络，又为他人关系网络中的一员时，他本身即是自媒体，同时也是接受信息的受众。对于企业而言，挑战在于面对的传播媒体，不再是若干关键性的组织，而是千千万万的个体。企业通过原有的模式去"搞定"、控制媒体愈发困难，只能任由媒体按自己的方式、自己的目标进行传播，最终导致的结果将变得不可控。企业可能无法再通过以往的商业关系来整合媒体传播，购买话语权，那么，企业就需要制定与以往完全不同的社会化媒体传播策略。

与消费者进行良好的沟通，也许是解决上述问题的唯一出路。通过沟通，以便融入消费者的社区中，成为其中的一员，其最大效能在于可在很大程度上帮助企业逐渐学会站在消费者的角度去看问题，去处理问题，而只有如此，企业才能跟得上消费者前进的步伐。虽然对社会化媒体的评估标准仍未有定论，而且还要考量与用户之间的联系所要采用的技术，但最重要的部分仍旧是与客户互动，"倾听并且喜欢"。切忌以不真实的水帖和枪帖代替消费者真实的口碑，那只是"看上去很美"，对品牌建设毫无益处，而且会使产品口碑承担巨大的风险，对商家、网民、网络社区只有百害而无一利。至于如何建立沟通、管理沟通，如何解决上述的难题，并通过良好的沟通达到融入的目标，将是我们今后需要投入大量的时间与精力来进行深入研究的课题。

此外，社会化媒体上的对话是一种双向对话。与传统营销不同，社会化媒体营销人员需要听取社区群众的声音并与他们对话，这可能是社会化媒体营销活动的最大壁垒。要先学会聆听，看看用户在谈论什么、关注什么、感兴趣的是什么，竞争对手都是怎么做的，所处行业中做得最好的企业又是如何去做的。学会聆听不仅是要获知消费者提供的信息，而且是要听进去，甚至要了解他们的"弦外之音"，并且有针对性地采取措施和行动，这样消费者才相信他们的话没有成为你的耳旁风。

要学会对话，粉丝不是来听你说话的，应该让粉丝们进行对话，包括用户之间的对话，用户和企业之间的对话等。作为导引者，对话不能成为一言堂，不是让客户闭嘴，也不是招致客户的愤怒，而是让他们像朋友一样向你倾诉，提出真挚的建议，哪怕是毫不留情的批评。但是，只要他们愿意与你对话，一切就仍然在掌握之中。

尊重每一个粉丝，不要忽略每一个用户的建议和要求。企业不同于个人，更不同于所谓的名人和公众人物，不能因为忙、粉丝众多、没有心情而疏于对粉丝的回复。交流时，客户希望你是一个人，但是他需要解决问题时、表达不满时、被你冷落时，你就又成为了必须要负责任的组织。不要厚此薄彼，更不能看人下菜，因为在社会化媒体的平台上，谁都可能成为将企业拖入危机深渊的斗士。

但是，一些企业尚未完全准备好，而有些企业永远也不会获得它们所期望的成功，原因在于他们不愿意放弃对会话权的控制。他们担心当让社区进入讨论时，可能会听到不想听到的声音，而且他们的回答（或者是缺少回答）可能会进一步扭曲公众的理解。不幸的是，对于那些墨守成规而且不愿在这种"面对面"沟通渠道上投入资源的企业来说，社会化媒体时代的到来是不以他们的意志为转移的。

别忘了这种沟通也同样适用于内部员工。资深的内部沟通顾问阿普瑞克斯指出，相关研究表明，"随着时间的推移"，组织"会变得'更为扁平化'和更具企业家精神"，并且，"由于我们所面对的是人类的复杂性，因此必须设计符合人类特点的沟通系统。同为高级沟通顾问的伊曼纽尔和约克也谈到了这些内容，他们在一本关于"人力资源沟通"的手册中指出，沟通必须取代权威成为一种管理方法，并且，在管理者和员工之间的沟通必须是双向的。

随着社会化媒体越来越多地进入企业的对内、对外传播渠道，它也反过来要求企业对内部沟通和外部沟通必须一视同仁，相辅相成。诺基亚认为，无论是与消费者还是自己的员工进行良好的沟通，也许是解决传播与沟通唯一的钥匙。通过沟通，融入到消费者乃至员工的社区当中，成为他们中的一员，这能在很大程度上帮助企业逐渐学会站在消费者和员工的角度去看问题，去处理问题。而只有这样，企业才能跟得上利益相关者前进的步伐。

互联网导致的一种全新的人类社会组织和生存模式悄然走近我们，构建了一个超越地球空间之上的、巨大的群体——网络群体，一种与传统社区不同的新的人类生活共同体形式已经形成，我们称之为"网络社区"。实际上网络社区已经成为悬挂在现实社会之外的，并时刻影响现实社会的独立空间。网络社区的发展和扩大形成了具有共同归属感的新的社会联合体和社会结构。

网络社区是数字化的虚拟社区，它是因为网络的无限开放性，使得参与其中的人们结成了网络世界的社会共同体，或称"新的公民社会"（civil society）。系统地看，网络社区是处于整个网络社会大系统和微观系统，即网络个体之间的中介系统，网络社会结构中一个独立的小社会。现在，一些超大型的网络社区正在提供越来越多的人际和非人际的互动服务，成为自给自足的关系和行为的系统。

成千上万的社交网站正在进入人们的视野，这些网站迎合某些特定兴趣爱好、背景、职业和年龄群——营销人员也将预算的很大部分投入到这些网站中。社交网络正在迅速地从大规模的"大众市场"网站向更小众、更细分的兴趣社区转移。它同时也正在被整合到主流公司的网站中，并从消费者受众发展到专业社区。在这里，一则有的放矢的营销消息会被视为相关资讯，而非讨厌的干扰信息。

在社会化媒体领域，有两个关键词：UGC（用户创造内容）和CGM（消费者产生的媒体）。因为社会化媒体是一个开放的平台，各种渠道可以通过这个平台，增进相互之间的了解。如果心态足够开放，甚至可以允许渠道和你一起参与到与消费者的沟通当中。这无疑是一件好事，因为这能使包括企业自身在内的所有参与者，不能再只考虑自己的利益，而是大家一起站在消费者的角度来看待究竟什么才是可持续的、长久的营销。从整合营销传播的角度，企业与渠道也将越来越达到"一个形象，一种声音"的传播目标。

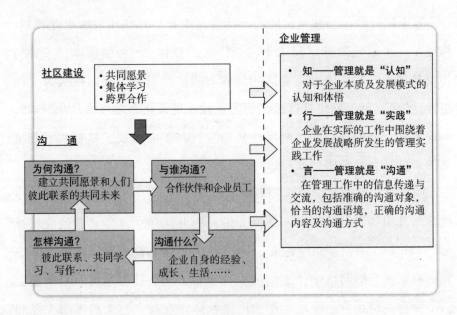

图 8-2   社区建设就是沟通

资料来源：智囊管理研究院。

【案　例】

星巴克：营造体验经济

在 2010 年的一项"社交媒体参与度最高的 100 大品牌"评选中，星巴克以 127 分的总分获得第一名。它融入的深度及力度，都让我们看到它的实至名归，星巴克堪称社交媒体国度里的王者！

星巴克咖啡公司成立于 1971 年，是世界领先的特种咖啡的零售商，同时也是烘焙者和品牌拥有者。旗下零售产品包括 30 多种全球顶级的咖啡豆、手工制作的浓缩咖啡和多款咖啡冷热饮料、新鲜美味的各式糕点食品，以及丰富多样的咖啡机、咖啡杯等商品。此外，星巴克通过与合资伙伴生产和销售瓶装星冰乐咖啡饮料、冰摇双份浓缩咖啡和冰淇淋，通过营销和分销协议在零售店以外的便利场所生产和销售星巴克咖啡和奶油利口酒，并不断拓展泰舒茶、星巴克音乐光盘等新的产品和品牌。

1987 年，现任董事长霍华德·舒尔茨先生收购星巴克，从此带领公司树立了数座业务发展的里程碑。1992 年 6 月，星巴克作为第一家专业咖啡公司成功上市，迅速推动了公司业务增长和品牌发展。目前公司已在北美洲、拉丁美洲、欧洲、中东和太平洋沿岸 37 个国家拥有超过 12 000 多家咖啡店，员工超过 117 000 人。长期以来，公司一直致力于向顾客提供最优质的咖啡和服务，营造独特的"星巴克体验"，让全球各地的星巴克店成为人们除了工作场所和生活居所之外温馨舒适的"第三生活空间"。与此同时，星巴克不断地通过各种体现企业社会责任的活动回馈社会，改善环境，回报合作伙伴和咖啡产区农民。

MSI 为社会化媒体破冰

作为连续多年被美国《财富》杂志评为"最受尊敬的企业"，星巴克在社会化媒体上的实践与探索也取得了非常大的成就。早在 2008

年 3 月，星巴克就推出了公司的第一个社会化媒体网站——"我的星巴克点子"（www. MyStarbucksIdea. com，MSI）。该网站就像一个即时、互动的全球性客户意见箱，消费者不仅可以提出各类针对星巴克产品和服务的建议，对其他人的建议进行投票评选和讨论，而且可以看到星巴克对这些建议的反馈或采纳情况。

对于星巴克来说，公司由此从消费者那里获得了一些极具价值的设想和创意，用来开发新的饮品，改进服务体验和提高公司的整体经营状况。更为重要的是，通过 MSI 网站与消费者进行交流，强化了广大消费者，特别是一些老顾客与星巴克的关系和归属感，也提高了星巴克在广大消费者心目中关注消费者和悉心倾听消费者心声的形象。

MSI 网站共有四个组成部分：share（提出自己的建议）、vote（对各类建议进行投票评选）、discuss（和其他读者以及星巴克的"创意伙伴"进行在线讨论）、see（了解星巴克对一些建议的采纳实施情况）。从创建之日起，网站就形成了巨大的流量，在创建的头 6 个月，MSI 网站共收到了约 75 000 项建议，很多建议后面可以看到成百上千的相关评论和赞成票。在 MSI 网站上，星巴克目前派驻有大约 40 名"创意伙伴"，他们是公司内咖啡和食品、商店运营、社区管理、娱乐等许多领域的专家，负责在线听取消费者的建议，代表公司回答消费者提出的问题。交流星巴克采纳实施的消费者建议和正在进行的其他项目。

尽管 MSI 网站从创建之初就遭到了公司内外很多人的质疑，但不可否认的是，由此开启了星巴克跋涉社会化媒体顶峰之旅。近年来，星巴克在社交媒体中的动作接连不断，不管是技术流的、社交流的、还是创意流的……真是全方位进攻。

众所周知，作为一个咖啡爱好者来说，星巴克留给公众的印象是一个温暖的充满咖啡香气的地方；是一个供人们娱乐和工作的地方；是一个充满人情味儿、贴近生活的品牌。但有一点更值得让人称道，它在大众关注的社交媒体领域，还是一个深度玩家，不管是技术上还是创意上，总是给人带来重重惊喜，总是能让人在它搭建起的社交媒体王国中痴迷地欣赏与体会。

星巴克对于社交媒体的应用早已不再是一个初期的融入阶段，而是不断地进阶，达到一个很高的水平。其实对于星巴克品牌，尽管不会特意地去持续地跟踪观察，但最近一段时间来，星巴克的各种信息或动作持续地出现在公众眼前，以至于让它在疯狂追逐的粉丝心中，地位又上升了一个等级，那必然是与出色的营销推广分不开的。

成功的"东施效颦"

让公众刻意去关注星巴克，缘于它更换 LOGO 的风波。当时，星巴克的老板霍华德·舒尔茨宣布，星巴克商标将会做些改动，以作为公司 40 周年的纪念。商标中"星巴克"和"咖啡"的字体将会取消，标志中的海神将会从原来的圆框中脱框而出。这个决定一经宣布，不出意外，网络上各种怨声载道的议论声四起，甚至连一些国际性的传统媒体都对该事件进行了评论。

这个事件很自然地能够让人想到，全球最大的服装品牌 GAP 的换 LOGO 风波。虽然网络中充斥着大量的对该事件的负面言论，但这如果作为一次营销事件无疑是非常成功的。作为一个走向没落的全球化大品牌，它通过这一举动强烈地唤起了全球消费者对于该品牌的第二次热爱。星巴克亦是如此，虽然它并没有走向没落，但是对于一个发展多年的老品牌来说，除了不断出新出奇以吸引和培养越来越多的新消费者之外，它需要做些什么来唤起并巩固老消费者的热爱以及忠诚度。

虽然这一招看来有些老套，毕竟 GAP 刚刚用过，但效果还是很明显的。不管是星巴克的官网还是各大社交媒体上，早已有大量反对甚至过激的言论。即使这些负面言论再凶猛，却发现很少有消费者会因此而"移情别恋"，这恰恰反映了人们对于星巴克品牌的热爱程度。新的 LOGO 即使再完美、再富有含义，在广大消费者眼中永远那么丑陋、充满瑕疵、不可理解。这是因为经典的 LOGO 之于用户的意义有很多，也许代表着一段成长，也许是一种回忆，也许是一种依赖与伴随……并且 LOGO 会让消费者有一种品牌的归属感，他们因品牌而成为了一个有共同爱好的群体。这也正是品牌所希望看到的，也正是品牌在做了各种各样营销活动之后对于品牌商业逻辑的还原的一部分——建立用户的群体意识，再次提高用户的忠诚度。

将体验式营销进行到底

除了针对于用户情感方面做出的一些举动外，星巴克还致力于品牌的体验式营销，让用户在整个咖啡的购买、品尝等店内的一切行为中都有良好的体验。

为了吸引更多的粉丝关注，星巴克还曾经在新浪微博上分享过一个关于星巴克的交互式橱窗的微博，引来许多朋友的谈论。星巴克的茶类品牌 TAZO 设计了一小段交互式影片，利用交互式投影机投到店面橱窗的玻璃上，消费者可以动手点选喜欢的小动物，接着可爱的小动物就会提着茶包飞来飞去做品牌介绍，说不定让人看着看着就会想来一杯茶了。这个交互式橱窗在加拿大两家星巴克可以看到，听一些网友说在世博会的日本馆内也有一样的设备。在门店外吸引消费者进店的方法中，最常见的要数发小传单，放一个充气玩偶迎宾，放个彩虹门……这适用于任意的品牌，并且在国内被用滥，如果不有强有力的折扣吸引，相信这些也不会成为消费者进店的理由。而这个交互式橱窗，有意思的内容介绍，并且可以让用户参与进去，即使今天不进店，相信用户也会对产品有了很好的认识并期待着有时间来体验一下。

进入星巴克店中，我们会看到不同于其他一些咖啡厅的是，大部分顾客都只把喝咖啡作为一部分，更多地是在笔记本前工作或娱乐、看书或者谈事情，很少有人是在专心品味一杯咖啡。星巴克想让更多的人习惯在星巴克工作和娱乐，这无疑将带来更大的销售额和提升用户黏度。因此在星巴克店中有免费的 WiFi 网络；国内的星巴克店中还会有很多的杂志报纸供人们阅读；而在星巴克全美数千家门店里，顾客阅读《纽约时报》、《华尔街日报》，观看视频、下载音乐——这些原本都要付费的内容在星巴克门店里都有免费"试用装"。它的数字网络计划想要将星巴克打造成家和办公室之外的网络"第三空间"，这样的策略在于有目的地吸引和培养商务型高端专属消费者群体。它在店内所做的这一切都在努力满足消费者的需求，增加喝咖啡的附加价值，为用户提供帮助，最终达到将消费者留在店中和提高消费者的回头率的目的。

我们前面所说的这些，看似与社交媒体没有特别密切的关系，是因为星巴克对于基础的社交媒体应用已经非常娴熟。不管是 LOGO 事件，交互式窗口还是店内的数字媒体，这些都可以作为其在社交网络中的传播物料，都可以成为星巴克爱好者们的谈资……而星巴克只要做到抛出一个可讨论或有争议的话题，那么剩下的事情已不用它花费太多的精力。

APP 花样百出推动行业发展进程

如今，APP 是互联网界以及社交媒体圈的新宠。所有的线上平台都在争相开放平台鼓励开发者创新应用，所有的品牌都在策划着用APP 玩出新花样，玩出不一样的品牌营销。那么作为"社交媒体参与度最高"的星巴克，在 APP 的开发应用上，一定有着不一样的精彩。

星巴克通过一款手机 APP "Starbucks Card Mobile App"将刷手机代替刷卡来购物变为现实。在全美 6 800 家的独营店和 1 000 家在塔吉特商场里的店面，顾客可以用手机代替现金或信用卡购买咖啡。多个科技支付公司，像 Paypal、Nation、Square、Venmo 和一些已经阵亡的网络创业公司，一直不断探索各种抛弃现金、信用卡或两者皆抛的支付方式，但星巴克采用移动支付的举措应该是至今最主流的范例。

星巴克作为一家咖啡店，移动支付绝不是它的主营业务，但能够花如此巨大的人力和物力将其支付环节的体验做得如此之前端和先进，星巴克也可谓将体验式营销做到了极致。它的支付体系也许不是最安全、最无漏洞、最棒的，但它推动了一个行业的发展。继美国星巴克之后，英国麦当劳也宣布将在其 1 200 个门店开始启动 NFC 支付技术，购买快餐的顾客只要将手机放在案台上就可以轻松支付饭钱。

这一 APP 不仅在移动终端上可以部分代替信用卡功能，在社交媒体中还可以发展成为一种社会化的电子商务。在开心网、人人网这类 SNS 中，虚拟礼物也是很平常的产品功能了。但如今，在 Facebook 上，可以真实地请好友喝杯星巴克咖啡了，这都是 "Starbucks Card" 的功能。通过这个应用，用户可以把钱打到好友的 Starbucks Card 中，好友可以拿着去买一杯咖啡，非常有趣。这不仅仅是一种虚拟的口碑传播、品牌扩散，而是可以实际意义上拉动销售的方法。使用同样方法的还有冰激凌品牌酷圣石，让电子礼品变得更加实际。人们可以给自己的 Facebook 好友发送一个代码，用于领取酷圣石冰淇淋的电子礼品券，价格 5~7 美元不等，从酷圣石的 Facebook 主页上就能找到，并通过 Facebook 或电子邮件发出。和一般的礼品券一样，接收者只需将礼品券打印出来或者出示他们手机上记下的代码，就可以随时在美国任何一家酷圣石门店兑换美味的冰淇淋。为了达到病毒传播的效果，这个电子礼品会显示在接收者的 Facebook 信息墙上，以便让接收者所有的朋友都能看见。它所带来的效果就是 "在一个半月里，我们卖出了 2 000 张电子礼品券，为连锁店带来了大约 10 000 美元的收入"。

从这一系列的营销行为，可以看到星巴克在社交媒体中融入的深度与广度。也从这种种行为中可以看到，星巴克这个品牌对于其受众的情感上、体验上的需求都有着超出消费者需求的满足。发现并挖掘消费者深层次的潜在需求，提前满足，那么消费者的喜爱和忠诚将是顺其自然的事情。

【相关阅读】

在全球的每一个角落，一种新的、强有力的经济模式和社会革新正在崛起，横扫每一个商业和非商业领域。这种变化正是基于协作、开放、分享、正直和互相依赖这五个维基经济

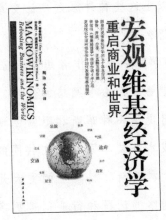

《宏观维基经济学》

作者：（加）唐·泰普斯科特、安东尼·威廉姆斯

出版社：中国青年出版社

学原则之上。作者通过一系列关于宏观维基经济学如何改变所有事物的调查——从创新、金融服务到科学和大学，从能源和交通运输到政府和民主的本质——来探索这个新时代的轮廓。

⬤点 ⬤评

社区彰显协作的力量

□ 智囊传媒总裁　傅强

当今，谁都不能否认这样一个事实：我们正在面临一场前所未有的变革！而这场变革的力量，足以让一个我们已经熟悉的时代终结，同时催生一个我们谁都未曾掌握的新时代！但是，工业时代形成的经典管理模式和商业模式很难去改变。新模式会引起紊乱、瓦解、困惑和不确定性。新的事物和模式的产生，几乎总要受到冷淡或者敌对。既定的利益团体会起来捍卫已得到的利益，与变化作战。况且，旧模式的领导者经常是最后一个接受新生事物的人。他们在遇到新的问题时，往往会到以往的成功经验中寻找答案。大多数的商业领袖和政府

都希望采用旧的、过时的一套理论。他们往往专注于修补那些旧的模式而不是去寻找一些新的切实可行的模式。因为，领袖们其实自己也不知道解决新问题的答案，但他们不敢、也不能表现出自己的"无知"……或许正是以上这些种种原因，让变革那些事儿成为了"知易行难"的典型标本怎么办？

《宏观维基经济学》一书的作者想给大家一些"重新启动这个世界"的方法。在作者看来，由于网络的出现，以前的旧工业模式开始发生变化。现在，出现了一种革新和财富创造的新动力，以及一种可以彻底地降低合作成本并使不同社区在共同的兴趣、努力和挑战下合作的新力量。例如，在创新和科学上的更大开放度，能够为那些学习如何利用全球创新网络的国民和行业创造更多的经济机会。在应对气候变化的过程中，普通人掀起了一场群众运动，以唤起更好的消费意识和社区意识，做出可以减少碳排放的日常家庭决策和商业决策。在教育行业，一流的大学打破了固有的封闭象牙塔模式，并为高等教育建立了一个全球网络系统——一个丰富多彩的世界一流大学的教育资源，它可以让世界上每一个有抱负的学生在有生之年重复使用。遍布各种公共部门的革新者利用网络来创造更富有成效、更公正合理的服务，加强公众的信任度，并揭示新的应对本地、国家甚至全球挑战的共同革新措施。把它们集合在一起，图画就会逐渐变得清晰起来：我们可以用一个全新的、极为开放的网络模型来重新思考、重新建立社会的许多行业和部门。全世界的人都可以充分参与到创造这一崭新未来的过程中，这是人类历史上的第一次。

看到这里，也许精明的读者会有些"了然"——哦，该作者一定是所谓"网络经济和社会"的"鼓手"！没错，《宏观维基经济学》就是畅销书《维基经济学》原班作者四年之后的又一部力作，他们力图通过更深的研究，探寻全球网络协作将如何改变世界的现状。他们称这种新的力量为"大规模协作"，并指出它将达到一个引爆点：纯粹的社会交往已经开始成为社会生产的一种新方式，并将永远地改变产品和服务在全球基础上被设计、制造和推销的方式。

但是，在作者看来，维基经济学的思想发布后的四年里，它已经远远超越了单纯的商业或是技术范围，并开始包含更多社会转型的意义。这有点儿像从"微观经济学"走向了"宏观经济学"，具有更普遍的意义和价值。"把简单的事情考虑得复杂，可以发现新领域；把复杂的事情看得很简单，可以发现新定律"（牛顿语）。因此在我看来，"微观经济学"也罢，"宏观经济学"也罢，该书的价值也许并不在于作者津津乐道的所谓"经济学中的学术价值"，而在于它在纷繁芜杂的环境中，为人们去发现一个新的商业领域以及一个新的发展规律。而这个新的规律简而言之为"协作、开放、分享、正直和互相依赖"。而这些正是被作者称为的"拥抱宏观维基经济学的五个基本原则"。

作者坚信，组织通过拥抱宏观维基经济学的五个基本原则，可以在这个新环境中走向成功甚至繁荣。

（1）协作（collaboration）。网络经济具有自组织和分散的本质，它使得旧的自上而下的公司管理模式和工业计划日益无力，这有点像为躲避即将到来的飓风而建一个草房避难。科学和技术现在正以极快的速度发展和演进，所以，即使是最大的公司也不可能对其所有产品相关学科进行研究。它们也不能够控制一个端到端（end-to-end）的生产过程或者设法把最聪明的人保留在公司范围内；相反，聪明的公司越来越走向全球协作以实现自己的想法。无论是设计一个新产品还是启动一个全球性的营销活动，依靠互联网的大规模协作都成为一种强有力的操作方式，无论对企业还是其他机构，都是如此。

（2）开放（openness）。由于进入数字时代，近来很多聪明的组织开始重新思考开放，这已经开始挑战传统的商业智慧并改变组织的一些重要的功能和制度。为什么会这样？在很大程度上是因为组织机构没有别的选择。整个世界正在变得更透明：顾客开始前所未有地掌握关于产品和服务的真正价值的信息，公司职员可以接触到以前不敢想象的关于公司的战略、管理和面临的挑战等方面的知识。不可否认，这种前所未有的关于任何事、任何人的信息的无所不在会让人心神不宁。试想，当一个公司因为举报者揭发的秘密备忘录而陷入丑闻中时，公司 CEO 的梦碎时分是多么残酷。但是对于越来越多的组织机构来说，开放并不仅仅是向类似于监督者或者机构投资者一样的外部人员报告信息，它是新的竞争力，是与潜在合作者建立有益关系的一个基本前提。

　　（3）分享（sharing）。如果开放是把适当的信息与公司、政府和其他组织机构的利益相关者尽兴交流，那么分享就是关于释放或者交出有价值的东西——通过把它们放在"公共用地"让别人来使用，或者在某些可能产生许可证收入的协议下与感兴趣的用户分享。当然，传统的智慧认为组织应该通过专利、版权和商标来控制和保护所有的私有资源和创新，尤其是知识产权。按照这种说法，如果有人侵犯了你的知识产权，你就得让律师出来应战。但是看起来自相矛盾的是，越来越多的电子学、生物技术和其他领域的公司发现，维持和捍卫一个严格的知识产权专有系统经常会破坏它们创造价值的能力。所以聪明的公司把知识产权看作一种共有基金——它们对 IP 资产采用组合产品平衡管理，把一些产品保护起来，另外一些产品则拿出来分享。

　　（4）正直（integrity）。很多年以前，企业社会责任感的提倡者创造了一个乐观的格言"为善者诸事顺"。他们试图把商业案例变成良好的公司行为。然而，很少有人被劝服。企业责任感不能赢得支持的主要原因是现实中"为善者诸事顺"的格言并不总是对的。一些公司正是因为做了恶事才成功了。伪造账目、不正当的劳工安排、公司保密、垄断行为、将成本转移给社会、阴暗的环境等都可能提高赢利，更不用说公司高级管理者自己可以通过获得大量的红利而"诸事皆顺"了，即使公司正处于苦苦挣扎之中。但这一切都改变了，因为先前讨论过的那些原则正在驱动成功，"为善者诸事顺"的格言也日益变得真实起来。已经有确凿的证据证明：一方面，一个组织与它的利益相关者的关系越好，它能够利用的资源就越多；另一方面，缺乏信任就会产生冲突、摩擦和低效，并在采取防御行动的过程中消耗管理时间和资源。

（5）互相依赖（interdependence）如果金融体系彻底坍塌给予我们什么启示的话，那就是，我们生活在一个相互联系的世界里。在任何事情、任何人都通过光纤和网络相互联系的时代，没有人、商业、组织、政府机构、国家或者社会是一个孤岛，越来越强的相互依赖对组织行为和决策方式产生了深刻的影响。我们与社会越是相互联系并相互依赖，我们也就越需要了解其他人的事情以及遥远的第三方行为会怎样潜在地影响个体或总体的幸福。同样，行为和事件之间的相互依赖意味着我们别无选择，必须通过在社会四大支柱（商业、政府、公民部门以及因网络而诞生的新支柱——个人）之间进行新的劳动分工来鼓励和强化相互合作。

在一个信任、透明和协作将成为保证短期和长期稳定的世界里，已经没有单边主义的空间。如果经济危机证明了这个观点，那我们的自然生态系统可能的全球毁灭会发出比其强一千倍的警告：在一个日益相互依赖的星球上，没有任何组织能够在一个正在衰退的世界中取得成功。正如作者所言，如果我们能够严肃对待重启商业和世界这件事情，那我们就不能只是谈谈创新而已，我们必须实施创新而且是迅速实施。各种利益相关者——不仅包含从事不同行业的公司，比如运输、媒体、卫生保健和能源，还包含大学、科研机构、政府，我们必须鼓起勇气，重新塑造自己，把科技与协作作为促成物、催化剂和驱动力，以便为公众和用户提供更好的结果。这不是在边缘简单的修修补补，它关乎设计、使用和体验适合于 21 世纪的创新模式。

最后，如果说这本书展现了什么，那就是：当我们不论作为个体还是组织，能够抓住机会来贡献我们的思想、我们的激情和我们的创造力，好的事情就会发生。问题就在于这个世界是否已经准备好去真正拥抱这种协作所带来的社会革新和经济革新。但不管你准备好了没有，这都是你必须要走的变革之路，这让人想起中国改革开放初期一首歌的歌词——脚下的地在走！

不是所有的企业都适合社会化媒体

> 不是所有企业都适合社会化媒体营销，也不是别人成功的社会化媒体推广模式都可以照搬，社会化媒体需要开放、诚实、坦率、透明的文化环境支撑。

苹果创始人史蒂夫·乔布斯（Steve Jobs）的自传《史蒂夫·乔布斯传记》（*Steve Jobs：A Biography*）于 2011 年 11 月 21 日上市。该书的出版商美国西蒙舒斯特公司（Simon & Schuster）负责人表示，乔布斯并没有对自传内容加以限制。他说："乔布斯未做任何干涉，并鼓励熟悉他的人坦诚讨论他的敌人、前任女友、曾经开除或激怒的同事。"⊖

为什么乔布斯能让苹果公司成功，上面那句表明他态度的话或许能解释一切，因为乔布斯带给苹果公司的文化属于这样一个时代。

文化是什么

近年来，世界经济的动态性、竞争性、创新性、增长性大大加快了，这使得企业文化也随之发生深刻的变化。传统经济靠的是劳动（体力）、资本和自然资源的投入，新经济的发展靠的是知识和技术的创新，而知识创新、技术创新的首要条件就是企业文化和观念的创新。

⊖ 新浪科技，乔布斯自传 11 月 21 日上市：内容未遭任何干涉［EB/OL］. 2011-08-16. http://tech. huanqiu. com/per/2011-08/1915336. html.

把组织视为一种文化的想法相对来说还是最近的现象。在这里，文化指的是组织成员中的一个意义共享的体系。斯蒂芬 P. 罗宾斯说，文化在组织中具有多种功能。第一，它起着划清界限的作用。也就是说，它使得一个组织与其他组织区别开来。第二，它表达了组织成员对组织的一种认同感。第三，它促使组织成员不仅关心自我利益，还支持更大范围的一些东西。第四，它增强了社会系统的稳定性。文化是一种社会黏合剂，它通过为组织成员提供言行举止的恰当标准，而把整个组织聚合起来。第五，文化作为一种意识形态和控制机制，能够引导和塑造员工的态度和行为。[⊖]

特伦斯·迪尔和艾伦·肯尼迪列出了管理者应该考虑对文化进行管理的诸多情境。第一，当一个具有传统价值观的企业发现其所处的环境正在发生根本性变革的时候，其管理者就必须正式考虑对文化加以管理了。第二，当所在行业竞争较为激烈，并且环境迅速变化的时候，管理者必须考虑变革文化的战略问题。迪尔和肯尼迪认为，那些建立了能够对消费者需求做出快速反应的文化的企业，将会取得成功。他们指出，"建立快速反应和适应性的文化，或许是提高企业反应和适应能力的唯一途径。"[⊖]

一个组织的文化常常反映创始人的远见使命，因为创始人有着独创性的思想，所以他们对如何实施这些想法存在着倾向性，他们不会被已有的习惯或意识所束缚。创始人通过描绘组织应该是什么样子的方式来建立组织早期的文化。由于新组织的规模较小，从而使得创始人能够使他的远见深刻地影响组织的全体成员。

⊖　斯蒂芬·罗宾斯，等. 组织行为学［M］. 李原，等译. 12 版. 北京：中国人民大学出版社，2008.

⊖　詹姆斯·格鲁尼格，等. 卓越公共关系与传播管理［M］. 卫五名，等译. 北京：北京大学出版社，2008.

乔布斯是位高"魂商"领导人，他声言"我根本不在乎市场，我所关心的是怎样制造出世界上最好的个人电脑"；"这辈子没法做太多的事情，所以每一件事、每一件产品都要做得精彩绝伦"。正如《魂商》一书所言："魂商能够让他更有创造力，超越条条框框去玩一种'无限'的游戏；深刻体会到人生的爱、喜悦和从容，获得精神上的达观；大大提高人生效率，不断获得成功；对世界抱有积极的态度，不论遇到多大挫折，始终能够保持积极向上的心态；在精神上不断成长和转化，释放内在潜能。"⊖

以曾经由乔布斯掌控的皮克斯（Pixar）为例，皮克斯最著名的企业文化就是"以下犯上"，娱乐和自由的工作环境，我行我素、稀奇古怪的员工，随时随地随便提出的新主意，都构成了一种职业文化中的高度个人化的元素。"什么中层、部门、领导，这些词我们统统没有，这就是我们独一无二的地方。"这是皮克斯员工的描述。

而李开复说，苹果"内部企业家精神"能让员工体验到与企业一同快速成长的美好感觉。远离官僚主义的工作环境，不惧风险和失败，大胆创新，正是这种内部企业家精神让苹果员工十分热爱自己从事的工作。因为热爱自己的工作，所以他们比周围的人工作都努力。他们不会感到自己在为苹果公司打工，而会觉得他们每一个人都在苹果这样一个平台上实现着自己伟大的梦想。这种实现梦想的渴望占据了他们的全部身心，赐予他们力量，最终激励他们创造出革命性的企业、产品和服务。

离不开的文化保障

在社会化媒体的王国中，倡导开放、透明、坦诚的游戏规则。如

⊖ 丹娜·左哈尔，艾恩·马歇尔. 魂商［M］. 杨壮，张玮，译. 北京：华夏出版社，2009.

果一个企业的文化并非如此，或者内心并不愿为之改变，相信这条路会充满荆棘。但可能又不得不走，因为这种文化属性也代表了新型组织的一些相关特征：价值观驱动，以可持续发展为目标，打破组织围墙的跨界合作等，可以说它代表了未来。

社会化媒体有一点很重要，就是人人参与、人人分享。传统的观点认为，社会化媒体的开放性、透明性对企业形象有很大的打击，但是如果企业想真正地参与到社会化媒体实践中，就必须打造一个更为开放、透明、共享的组织结构体系。只有这样，才能使组织的文化无论从内部还是外部都能得到公众和员工的认可和评论，这是企业成长中很关键的一环，也是考验一个组织信息是否对称的标尺。

与消费者建立朋友关系，一直是社会化媒体营销所倡导的。但实际上，朋友关系是一种私人关系，企业作为组织，能否与消费者建立这种私人间的信赖关系，是个很大的问题。组织这种角色本身，对个人来说，总是缺乏私密性的保障。另一方面，仅仅拥有了粉丝，也并不代表私人关系的建立，也不代表这种关系晋级为朋友，更不代表营销的成功。社会化媒体营销的成功与否，很大程度上取决于沟通的结果，而沟通的结果，可能又决定于组织情商。也许问题的症结在于，像个人情商一样，组织情商也几乎是先天的，它蕴含于企业的基因当中，这可能使相当多不善于与消费者直接打交道的企业，无法在社会化媒体上与消费者建立良好的沟通，也就更难融入到消费者当中了。

大规模危机可作为解冻根深蒂固文化的一种重要手段，但危机并不是组织的所有成员总能注意到的。因此，管理者有必要使人们更清楚地看到组织的危机，要让组织的每个人都清楚，组织的生存正受到致命的威胁。如果员工们没有意识到变革的紧迫性，那就很难使一种强势文化对变革的努力做出反应。

文化虽然无形，也并非最为直观的影响因素，但对于企业进行社会化媒体的实践绝对是个关键。一个重要的结论是，不是所有企业都适合参与到社会化媒体的应用实践中。这包含两个方面的认识：一是提醒企业不要盲目介入社会化媒体，需要事先反思自身的企业文化；二是必须认识到社会化媒体是大势所趋，企业必须建构符合其要求的内部文化，即使遭受巨大的变革阵痛也在所不惜。

品牌就是文化沟通

品牌需要对社会化媒体战略多加重视，这关乎一个品牌的生死存亡。成功的例子，并不因此就可以作为我们效仿照搬的模板。我们也看到，还有不少的企业，甚至是整个行业（如渔业、农业、B2B 行业等）都还完全未涉足社会化媒体。当然，只有靠品牌自己对于社会化媒体的好好摸索、学习，才能找到真正适合自己的成功的社会化媒体营销战略。

大部分企业与社会化媒体存在严重脱节。公司的员工与客户的交流必须是清楚开放的，不过很不幸，总是会有无法做到透明的时候。任何一个公司都存在着信息阶级制度和责任阶级制度，这就决定了社会化媒体扩张需要一套清晰的政策，这样每个使用社会化媒体的员工都有一定的准则，从而不会突然由于某条错误的信息而破坏了一个精心策划的活动。目前对于社会化媒体，过分地强调其中的媒体属性，其实我们应更加关注社会化媒体的社交性，社会化媒体的目的就是为了与客户联系和建立关系。

社会化媒体企业级应用的诸多挑战，比如是否要参与社会化媒体，如何经营它，怎样与公众交流等，一切不适应，一切冲突，大到如何理解社会化媒体的本质，小到使用什么样的表达风格，说到底都是企业文化的一种外化。社会化媒体是一种文化体现，是一种社会文化与企业文化交融的结果，而往往是企业文化要适应逐步形成的社会文化，即开放、交融、坦诚、透明的文化。

社群重塑企业文化

在组织界，到处都能听到人们在谈论企业文化。当然，出现这种现象也在情理之中，面对权力下放、消除层级、精简规模等一波波拆分组织（disintegration）的压力，文化已经成为凝聚企业的有效手段。但是，什么是文化呢？是否有一种文化适用于所有组织？如果答案是否定的，那么管理者怎样才能改变组织的文化？

针对上述三个问题，管理学家罗伯·戈夫加雷思·琼斯首先对文化进行了定义。他说，文化就是社群，是人与人相互建立关系的产物。而且，他们还认为，商业社群与非商业领域的社群——如家庭、学校、俱乐部等——并无二致，因此，我们可以借助150年来人类组织研究中所采用的社会学视角，来考察和分析商业社群。

从社会学来说，社群可以分为两种不同的人际关系：社交性和团结性。社交性衡量的是社群成员之间真诚友善的程度；而团结性衡量的则是社群追求共同目标的能力。

在商业社群中，高社交性会带来诸多好处，在这样的环境下工作令人愉悦，有助于激发员工士气和团队精神，对员工发挥创造力也大有好处。但是，高社交性也有弊端，由于员工之间崇尚友谊，对糟糕的工作表现可能就会听之任之。此外，人们往往会过于追求意见一致，通常不太会去反驳或批评彼此的意见；而且，高社交性的社群常常会发展出小团体和非正式的人际关系网，它们可能会绕开甚至破坏组织中的正当流程。

　　同样，团结性也可以让组织受益。团结性可以使人们更加专注于战略，对竞争威胁快速做出反应，并且不能容忍糟糕的绩效表现；团结性也会让人们在一定程度上不讲情面，对组织产生一种强烈的信任感。但是，团结性也有缺点，如果企业战略不正确，那么企业专注于战略就会非常危险。另外，在高团结性的组织中，只有当干一件事能给每个人带来确切好处时，才会出现合作。

　　以社交性和团结性作为两个维度绘制出一个矩阵图，你可以发现有四种类型的商业社群：网络型（高社交性、低团结性）、图利型（低社交性、高团结性）、散裂型（低社交性、低团结性）、共有型（高社交性、高团结性）。事实上，每一种文化都适用于不同的企业环境，换句话说，企业管理者无须倡导说某种文化比另一种文化更好；相反，他们必须懂得如何评估自己的文化，以及这种文化是否适应竞争环境。然后，他们才可以开始考虑改变文化的具体方法。

　　罗伯·戈夫加雷思·琼斯认为，要提升组织的社交性，管理者可以采取以下举措：招募意气相投的人，以促进想法、兴趣和情感的交流分享；在公司内外组织一些非正式的活动，如聚会等，以增加员工之间的社会互动；减少员工之间的繁文缛节；减少层级差异；友善待人，并通过关心困境中的员工来树立为人亲善的榜样。而要培养组织的团结性，管理者则可以采取下列措施：借助简报、通信、视频、备忘录或电子邮件，培养竞争意识；制造紧迫感，激发好胜心；鼓励员工致力于共同的企业目标。

　　对管理者来说，他们的工作就是处理好下面两者的矛盾关系：一方面，要建立一种能让组织取得成功的文化；另一方面，又要建立一种能让员工开心并允许他们真实表达个人价值观的文化。如果管理者能够明白文化的含义以及文化变革的意义，企业文化就能缓解拆分组织的压力。

【案　例】

Zappos：文化的力量

在 Zappos 看来，不要把社会化媒体视为一个直接营销工具。一旦开始向别人做推销，大部分人会立即切断与你的对话。

Zappos 是美国一家卖鞋的 B2C 网站，1999 年开站，如今已成长为网上卖鞋的最大网站，超过了亚马逊，它的创始人是美籍华人谢家华。1999 年，谢家华认识了比自己更年轻的创业者尼克·斯威姆（Nick Swinmurn），斯威姆提出了一个网上卖鞋的思路。最初的时候，谢家华并不以为然，但斯威姆告诉他，整个美国鞋类零售业的市场规模高达 400 亿美元，其中有 5% 是通过邮购目录的形式实现的，这就相当于 20 亿美元。言下之意，至少网络销售可以获得部分目录销售的份额。谢家华最终被打动，6 个月后，他开始同斯威姆一同经营这家公司。不久之后，谢家华进一步向 Zappos 追加投资 1 000 万美元。

2000 年，谢家华成为 Zappos 的首席执行官。斯威姆对公司最初的设想是一家类似 eBay 模式的网上商店，获得订单后转交给鞋类生产商，不涉及库存，轻松获得丰厚利润。但后来为了扩大商品种类，Zappos 开始有了自己的库存。然而意外之处是，库存使顾客的订单获得了及时的响应，他们积极的反馈启迪了两位创业者，"顾客在告诉我们应如何建立业务。"网上买鞋的困扰是显而易见的，即不合适怎么办？反复到店铺换鞋就很麻烦，更别提网上购买了。2005 年年初，谢家华在接受《金融时报》采访时说："人们很早就知道，提供良好服务的企业都会很成功，但却没有人那么去做。"为了方便顾客挑选，Zappos 为库存的每一款鞋从八个角度拍摄了照片。整个过程工作量颇大，2004 年的数据是 5.8 万个款式。Zappos 对顾客做出承诺，如果觉得鞋不合适，送货和退货的运费都是免费的。之后被总结为，"鞋合适就穿，不合适就换"。这一举措并非是 Zappos 首创，但却是做得最为彻底的。根据 2004 年的数据，Zappos 的毛利率还是达到了 35%，仍然相当具有吸引力。接下来，Zappos 推出了售后延迟付款的方式，即顾客购买商品后 90 天之内可以不付款，这与免费退换货对应，使顾客再一次释放了决策压力，收入瓶颈终于被打破了。2006 年在 Zappos. com 上，有超过 500 个品牌，9 万多种的鞋子，销售额达到 5.97 亿美元。2007 年又增加了 1 100 个品牌，公司在内华达州和肯塔基州拥有两个仓库，保有 300 万双鞋，仓库面积达到 90 万平方英尺，员工为 1 600 人。

同其他 B2C 网站一样，除去互联网技术的成熟应用，以及花花绿绿的鞋子之外，Zappos 拥有众多的客户服务人员。Zappos 开通了免费客户服务电话，并在每个页面都予以标注，如果顾客对购物过程感到困扰，那么他将获得相应的帮助。Zappos 强调，客户服务人员所接听的每一个电话都要能保证顾客满意后才挂电话。不采用程式化的客服用语，更禁止为了多接电话而有意减少与每一位顾客的通话时间。如果 Zappos 没有顾客所需要的鞋，客服人员会推荐顾客到竞争网站购买，这一大度的做法进一步赢得了顾客的认同，而当他们需要通过网络购买鞋的时候，最先考虑的无疑是 Zappos。

如同星巴克一样，Zappos 几乎没有在传统广告或营销活动上投入过巨资（尽管很大程度上是由于公司早期的资金匮乏造成的），而是主要依赖公司的良好口碑和消费者的口耳相传，越来越多的人开始知道 Zappos，并一次又一次地光顾 Zappos 的网上鞋店。据统计，目前 Zappos 的销售额中，大约有 75% 来自回头客。新客人第一次消费额约为 112 美元，而回头客的平均消费额为 143 美元。除了产品外，优良的服务是形成口碑、吸引客人回头、增加销售的关键因素。

在 Twitter 上设立账户的企业非常之多，Zappos 的案例之所以引人

瞩目，并不在于它引入 Twitter 之早，或使用 Twitter 之广，而在于
Zappos特别是现任 CEO 谢家华，深得 Twitter 以及社会化媒体的精妙，
懂得怎样把 Twitter 与企业的商业目标结合起来，形成良性循环，发挥
出这一社会化媒体的巨大威力。

在把公司的企业口号改为"强化服务"（powered by service）之前，
Zappos 还曾经用过诸如"网上最炫鞋店"之类的口号。同样，Zappos
与 Twitter 结缘，也始于公司尝试了 MySpace、Facebook 等社会化媒体
之后，并将公司核心竞争力定位于服务，这都经历了一个摸索的过程。

作为公司主要的社会化营销工具，使用 Twitter 来加强与客户和公
众的沟通，释疑解惑的同时，通过 Twitter 上一个个真实的员工，拉近
公司与消费者的距离，塑造 Zappos 人性化、开放和透明的一面，同时
帮助提升 Zappos 的核心竞争力——服务，这是 Zappos 如此热衷于
Twitter，而 Twitter 也能在 Zappos 生根发芽，与企业的内外生态系统相
互契合、形成良性循环的重要原因。

正如一位消费者所说："（通过 Twitter 等社会化媒体）能了解到这
么多 Zappos 的内幕实情，这让我感觉像是在一位朋友的店铺里消费购
物，相对于一个陌生人，我更愿意到一位朋友的店铺里购物。这不仅
更能让我放心，而且也会有种备受呵护的感觉，这点在连一个傻瓜也
能开办一家网店的时代显得尤为重要。"

Zappos 对待 Twitter 并非是像通用汽车、家得宝等很多企业那样，
是在算计了投资回报率之后利用 Twitter 来发布企业（市场推广）信息
的纯商业行为。实际上，谢家华喜欢 Twitter，他在创办 LinkExchange
的时候，就表现出对于工作环境和人际关系的重视和享受，从谢家华
介绍 Twitter 的文章中可以看出，他真的喜欢 Twitter，从他所写的 tweet
中也可以看出，他是个上瘾的 tweeter，他不仅每天都会在 Twitter 上多
次发出信息，还鼓励自己的员工使用 Twitter。

由于这个原因，谢家华主持的 Zappos @ Twitter（http：//twitter. com/zappos，Zappos 的 Twitter 主账号）以个人见闻、兴趣和随思所想为主，而企业信息只是其中一个有机的组成部分。一位企业 CEO 在 Twitter 以真实面目示人，诚挚、透明、幽默，让读者不仅感到一丝惊讶，更感觉到可以接近和信赖，并由此爱屋及乌地对于 Zappos 产生各种正面的印象。

谢家华曾在各种场合下谈及自己和 Zappos 对于运用 Twitter 的心得体会：

- 不要把社会化媒体视为一个直接营销工具。一旦开始向别人做推销，大部分人会立即切断与你的对话。

- 一定要确保在使用 Twitter 时的真诚和热情，假如你本人对此缺少激情，那就应考虑请一位对 Twitter 热情如火的人来写，千万别把它作为一个向客户推销产品或服务的手段，应该把 Twitter 视为一种建立更加深入、更具个人色彩的客户关系的方法。

- 我们并没有利用 Twitter 来增加（导向公司主站）流量，我们并不这样来使用 Twitter，相反，Twitter 能让员工和客户看到，我们都是一个个真实的人，Twitter 帮助我们与员工和客户之间建立更人性化的、亲密的关系，这也是我们希望 Zappos 这一品牌能呈现在世人面前的形象。

- 我们使用 Twitter 的原因和在公司网站的每个页面上放置 1-800 免费客服电话的原因是一样的，那就是帮助我们与客户和员工建立一种更具个人色彩的紧密关系。

如果说星巴克的 MSI 网站具有联系老客户的实用价值，那么 Zappos@ Twitter 则具有使公司形象更具人性化和塑造企业文化的对内对外双重目的。不少企业制定了员工参与社会化媒体的指南和准则，Zappos 没有这方面的书面指导，除了通过 "culture book" 对新进员工进行企业文化方面的入门指导，就是通过鼓励员工使用 Twitter，来言传身教，塑造和强化企业文化中开放、透明、亲切等元素。对于后者，谢家华评论说：

- 作为公司，我们的第一要务是企业文化。我们相信，只要建立起正确的企业文化，其余的大部分东西（比如优秀的客户服务）都会自生自发并自行各归其位。

- 我想，如果 CEO 开始充满热情地去使用 Twitter，整个公司都会受到感染并有所行动。

- 员工、客户和其他人都能真切地感受到你的热情。你的首要目标不应该是金钱，而应该是你所热心的、有意义的东西，然后才是金钱。

谢家华认为："没有哪个人愿意和公司或组织机构建立关系，人们所希望的是认识为公司工作的、公司背后的那些人，并与他们建立联系。诸如博客或 Twitter 这样的社会化媒体，可以帮助客户了解公司内部的人，让他们看到活生生的、真实和有个性的人…… 这样所形成的友谊会从网络上延伸到现实世界里，并让人们对与之交往的企业组织产生更强烈的信赖感，这种信赖，是塑造客户忠诚的关键因素。"

【相关阅读】

该书认为，一个组织就像软件中的一部分，可编辑、可扩展、可共享、可容错，对任何测试版都充满信心，可再造。许多作者都以"产品越简单、越傻瓜越好"作为写作信条，而

《重来》
作者：（美）弗里德、（丹）汉森著，李瑜偲译
出版社：中信出版社

《重来》则批判地继承了这个信条，既做到了智慧的简练，又没有流于平凡。

点 评

重来，让我们去繁从简！

□ 智囊传媒总裁　傅　强

刚看到《重来》这本书的时候，感觉并不怎么好，因为在书的封面上印着："忽视此书者，后果自负"的字样。噱头！在当今如此浮躁的社会里，这种促销的招数见多了，大多数都是"表里不一"！

但由于欠《智囊悦读》编辑部一篇"书评"，犹豫再三，我还是在出差青岛临行的那一刻，把这本书塞进了行李包，打算在一个小时的飞机旅程中"翻翻"。事实证明，我那一刻的决定是正确的，因为这本书自打我翻开之后，就再也没有放下，直至飞机降落。

我不太了解《重来》一书的两位作者贾森·弗里德与戴维·海涅迈尔·汉森的学历，但我似乎可以肯定，他俩没上过 MBA，也没在咨询公司干过，因为这两位作者的商业逻辑与 MBA 们以及管理咨询师们相距甚远，甚至离经叛道。其表述也是碎片化的，没有什么系统，整本书就像一个"个人博客集"。但正如 NBA 达拉斯小牛队老板、HD-Net 创始人之一马克·库班先生所言："如果让我在两个人中间做出投资选择，我会投资读过《重来》（REWORK）的人，而不会投资读过 MBA 的人。我会投资给《重来》千百遍，因为它是每个企业家都必须读的一本书。"

老实说，"老美"的话不能太当真，因为他们真舍得"夸人"，但这本书的真正价值也是它最与众不同的地方恰恰在于它没有"说教"，只有"感悟"。而这些感悟恰恰来源于他们自己的实践。美国当地时间 2009 年 9 月 24 日，芝加哥诞生了一家市值 1 000 亿美元的公司，名字也很特别——37signals。一伙投资者用 1 美元，购买了该公司 0.000 000 001% 的股份，37signals 创始人贾森·弗里德（该书作者之一）在公司全体人员大会上宣布了这一消息，并透露，这一轮融资根据换算，37signals 当天市值直冲 1 000 亿美元大关。更"狠"的还在后面，据说为了提升公司的价值，该公司同时决定今后停止盈利。弗里德认为，赚钱将严重妨碍一个公司的估值，一旦你开始赚钱，人们对你估值的时候就有了参考，他们决定走免费路线。据弗里德讲："我们决定将旗下的所有产品全部免费推出，让市场自己去想象，假如我们收费的话，那会赚多少钱……"

于是，这家位于芝加哥的公司提出了一大堆所谓颠覆传统的研发方式和经营理念。他们提供面向中小企业和团队的在线协同服务软件，而不是传统的打包出售软件。此外这也是一家拥有众多粉丝的"明星公司"，它的博客 Signal vs. Noise 日访问量达 100 000 人次。而《重来》这本书，就是他们"离经叛道的宣言书"。

也许正是这种所谓的"离经叛道"，让这本书赢得了不少口碑——"忽视此书者，后果自负"便是《紫牛》等畅销书作者塞斯·高汀对这本书的评价；此外，《追求卓越》作者汤姆·彼得斯的评价是："《重来》清晰明确、天才般的观点，每每读来，让我几近落泪"。而《长尾理论》作者克里斯·安德森更是对这本书推崇有加："没有术语和空话，只有百余条获得成功的简单通用的箴言。我建议每个厌倦了商业陈词滥调的人读读《重来》"。

大凡看到这些评语的人们都会有些冲动："啥牛书呀？咱也来一本瞧瞧！"其实在我看来，这本书也不怎么"牛"，我个人认为它的最大的价值在于换一个角度看到问题，在看这本书的时候，你可以惊呼——我咋没这么想！你也可以沉思——他说的对吗？咋跟我知道的不太一样？当然，你也可能会痛骂——什么呀，垃圾！但不管如何，你不得不承认，而这些思维方式要远比 MBA 们鲜活得多！

比如，在书中两位作者提出："一头扎进去，埋头干你自己认为应该干的事情，这很简单。而要从中抬起头来问问自己为什么要这么做，则难得多。你需要问自己几个重要的问题，以确定你是否在做真正有意义的事情。"这些问题包括：

- 为什么要这么做？有没有发现自己正在做一些完全不知道为什么去做的工作，却只是因为有人叫你去做。事实上，这种现象太常见了。因此，你得问问自己为什么要做这件事。是为谁做的？谁会从中受益？任务背后的动机是什么？了解这些问题的答案就有助于你理解这个工作本身的意义。

- 你在解决什么问题？当前的问题是什么？客户感到困扰了吗？你感到困扰了吗？有什么不太清楚的地方吗？是不是有些东西过去是做不了的，但现在可以做了？当你向自己提出这些问题时，你会发现自己是在解决想象中的问题。这就是为什么你得停下工作，重新审视自己到底在做什么的原因。

- 这真的有用吗？你是在做一个有用的东西，还是仅仅在做一个东西？人们很容易把心血来潮的做法当成实用主义的行动。有时候稍微得瑟一下，做点"酷玩意"也并不坏。但是最终你还是得停下来问问自己这玩意到底有没有用。"酷"的东西会产生审美疲劳，实用的东西则永远不会。

在看到这些问题的时候，我的背后直冒凉气。你不得不扪心自问："我们到底要干吗？"而这些最简单，但又最直接的问题，往往在我们工作的过程中有所迷失，从而损失了大量的效率和价值。更可悲的是，我们往往为此乐而不疲！

当然，书中的一些"愤青"式的观点也会让我们这些过来人摇头不已。比如，他们几乎认为互联网可以代替一切；人们最好是自己干自己的；他们高喊"会议有毒！"。他们不分青红皂白地认为"世界上最可恨的打扰莫过于开会，会议中总难免轮到那么一个低能人士发言，于是大家的时间都被浪费在他的扯淡上"。而殊不知，这种自以为是的心态，恰恰是人们学习与创新的敌人！

对于做事要有计划，凡事预则立，不立则废一说，这两位也是"嗤之以鼻"，在他们看来，计划即瞎猜，计划赶不上变化，于是根本不用做什么计划，走哪儿算哪儿。总之，有位读者说了这样一句话："你可以这么理解贾森·弗里德和戴维·海涅迈尔·汉森的说话逻辑，当人们往左，他们向右；当人们说好，他们说坏；当人们认可，他们反对；当人们习惯成自然，他们鸡蛋里挑骨头，而且总能挑到。"

其实，抛开这些多少有点离经叛道的"雷语"不谈，这本书通篇其实就在讲一个主题，正如其副标题所写的那样，"更为简单有效的商业思维"。在他们眼里，现在的很多商业理论之所以错，是因为它们太过复杂，太多刻意，太过华而不实，太过不切实际。总之，他们认为，他们所提供的见地都来自每一次摸爬滚打的商业实践，来自每一个得失成败的经验教训，也来自每一次跌宕起伏的市场锤炼。所以，在他们看来，别扯那些没用的，也别听那些大放厥词的话，直面现实，回到真实，自然、简单最好！

的确，当现代管理学已经走到"经典"的时候，当新型组织已经不断涌现的时候，当我们现在所面临的问题是以往没有的时候，当我们的前面没有了"样板间"的时候，我们需要"重来"，我们需要去繁从简的"实践"，这也许是这本书带给我们的最大价值！

在没有答案的旅程中探索未来

你准备好了吗？

不管你愿意不愿意，它来了！

这个社会以及你的员工已经发生了变化，你怎么办？

社会化媒体的变革正在引发企业的变革与创新！

在传统营销及品牌传播因过度实施，使消费者产生营销厌倦甚至营销免疫的情况下，只有通过社会化媒体与他们进行真正的平等沟通，并逐步融入他们所在的网络社区成为他们当中的一员，才能彻底解决传统营销手段逐步失效，企业和媒体对消费者信任度不断下降的问题。

我们要认清这样一个事实：在线世界正在变得饱和。很多人聚集在社会化媒体上寻找答案和指导，现在是与他们交流的时候了，特别是当他们对某个产品或服务的问题的答案恰恰在你这里时。

社会化媒体——当代市场营销发展潮流中最为复杂，最容易被误解，却也最具革命性意义的事物之一。毋庸置疑，众多品牌公司都纷纷抢占了这一潮流先机，在社会化媒体上开始了自己的品牌营销。与此同时，却也暴露了大量公司对于社会化媒体普遍缺乏正确认识的事实。它们意识到了使用社会化媒体对于品牌宣传的重要性，却没有充分地了解该如何正确使用社会化媒体；它们忽略了正确使用社会化媒体进行品牌营销是一项非常复杂的事业，因而也导致了资源和时间的严重浪费。

如果品牌能一直遵守游戏规则，坚持以顾客身份亲身融入参与的方式，达成双方彼此间的相互沟通——只有这样，品牌所拥有的这些网上的潜在消费者才不会离开。

社会化媒体和社会化企业社区鼓励消费者自己主动创造内容，这一方式拉近了企业品牌与消费者之间的距离。通过口碑传播方式传达的信息话语，要比用传统广告的方式更有说服力。一些聪明的品牌已经开始运用这种沟通和对话的力量。

对于企业而言，在社会化媒体应用中，有几点特别需要高度注意。

（1）"传统思维 + 互联网技术"一定行不通。企业可能无法再通过以往的商业关系来整合媒体传播，来购买话语权。那么，企业就需要制定与以往完全不同的社会化媒体传播策略，在 Web 2.0 时代的社会媒体背景下，消费者掌握"生杀大权"，他们的评论对于品牌形象和企业声誉有着巨大影响。因此，企业应该制定有效的社会化媒体策略来应对新时代的新挑战，同时充分利用互联网蕴藏的巨大机遇来建立品牌知名度，并进行声誉管理。

（2）忘记"摆平"和"控制"。传统上，当一个企业面对负评时，最先想到的是公关。但在社会化媒体上，企业几乎无法通过公关去摆平那些负面的消息。尤其摆平过程本身，或许也会在社会化媒体上被曝光，因为社会化媒体有难以计数的、身份各异的"记者"和"评论员"，一旦曝光，那结果可能就很"悲剧"了。

（3）品牌不再是一个生硬的 LOGO。在社会化媒体沟通中，企业的角色出现转化，由单纯的传播者、发布者，变成了协调者、提问者、组织者、沟通者，企业不是一个 LOGO，而是一个活生生的"人"。企业在社会化媒体上有两种截然相反的做法，一种是倾听，另一种是销售。不过取得成功的企业往往是前者，这也正是社会化媒体的魅力所在，社会化媒体让你能够及时地了解客户的需求。必须与客户形成良好的关系，你必须知道他们是谁，理解他们的需求，然后向他们提供有价值的东西。要做到这些，你就必须学会倾听，可以在社会化媒体上看看客户对品牌的建议，看看他们讨论的内容。

（4）当心企业文化的"排异反应"。社会化媒体企业级应用的诸多挑战，比如是否要参与社会化媒体，如何经营它，怎样与公众交流等，一切不适应，一切冲突，大到如何理解社会化媒体的本质，小到使用什么样的表达风格，说到底都是企业文化的一种外化。社会化媒体是一种文化体现，是一种社会文化与企业文化交融的结果，而往往是企业文化要适应逐步形成的社会文化，即开放、交融、坦诚、透明的文化。

社会化媒体是社会化企业中最为关键的一环，企业的未来趋势必定是走向社会化。众多企业的实践告诉我们，社会化媒体从一开始就不仅仅是营销或公关的手段，而是整个企业组织的传播与沟通；社会化媒体的应用需要内部与外部并重，而且需要核心价值观的支撑，更为重要的是需要一种开放的文化。

应该说，互联网已将企业与用户紧密联系在一起，其影响渗透到企业的各个层面。成功的社会化企业将随着社交能力的拓展形成一种综合的数字战略。这种战略不是在办公室里闭门造车制定并自上而下实施；相反，它会自下而上地流动并在整个企业平行推广。

事实上，在社会化媒体的全新实践中，企业不要期望着"一夜爆红"或"一夜暴富"，为了实现目标，必须要投入资源，这通常是人力资源；与利益相关者建立和保持信任需要不断地投入时间，因为你需要加强社区参与，并让社区成员知道你是一个长期的参与者。

更为重要的是，在社会化媒体时代，企业一味索要"答案"的时代一去不复返了。学习型组织系统理论创始人彼得·圣吉先生称这种

"要答案"的方式为"反应性学习"，我们局限于"下载"习惯的思维方式，并沿用 我们感到舒适的、熟悉的范畴来看待世界。在反应性学习中，我们的行动实际上是习惯性的重复，并且无疑最终会加强自己原有的心智模式。

在彼得·圣吉看来，我们需要变"反应性学习"为"更深层地学习"，学习所带来的行动将越来越成为创造未来的过程的一部分。建设可持续的未来，意味着完成各种你能想象得到的集体创新，这要求有勇气去行动，并且在没有答案的情况下行动：你不能迷恋舒适的地带，幻想"找出所有答案然后再实施"。

对于企业而言，为什么要做社会化媒体？如何做？要达到什么目的？希望什么样的人参与？这些问题有很多都是没有现成答案的，需要企业勇敢地尝试和实践。